8°Z
15596

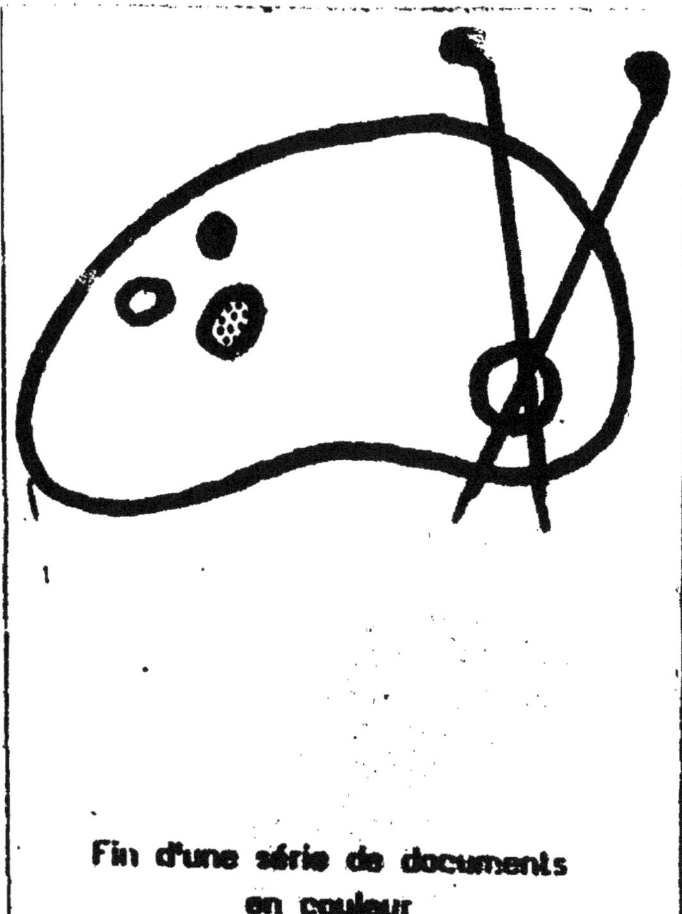

Fin d'une série de documents
en couleur

AVOCAT, RELIGIEUX, MARTYR

OU

Saint Fidèle de Sigmaringen

AVOCAT, RELIGIEUX, MARTYR

OU

SAINT FIDÈLE

de Sigmaringen

MARTYRISÉ PAR LES PROTESTANTS

PAR

LE P. FIDÈLE, DE LA MOTTE-SERVOLEX

O. M. C.

PARIS

ŒUVRE
DE ST-FRANÇOIS D'ASSISE
5, RUE DE LA SANTÉ, XIIIe

LIBRAIRIE
CHARLES POUSSIELGUE
15, RUE CASSETTE, VIe

1901

PRÉFACE

A chaque époque, quand ses droits sont méconnus ou reniés, Dieu suscite des héros pour ramener les hommes dans la voie de la justice qui « élève les nations », et les détourner du péché « qui jette les peuples dans l'abîme du malheur (1) ».

N'en déplaise aux rationalistes, c'est dans les sentiers de la justice, c'est-à-dire dans la pratique parfaite du devoir, que fleurit la vie véritable, soit religieuse soit politique (2).

A ces élus, appelés saints et grands, « les deux plus augustes épithètes dont le ciel et la terre puissent couronner une tête humaine (3) », l'Esprit divin a distribué ses dons suivant la vocation qui leur était providentiellement assignée. Toutefois, malgré une diversité plus apparente que réelle, toute vocation avait chez les saints une fin commune : la régénération individuelle et sociale.

Tous, en effet, ont accompli, dans une mesure plus ou moins grande, le rôle d'apôtre que Dieu leur avait tracé. Aussi ont-ils vécu de la vie de leurs contemporains, sans en partager les défauts. Plusieurs les considèrent comme de vagues apparitions dans un monde idéal, comme des météores décrivant leur course dans des régions étrangères à la nôtre; les peintures primitives, les verrières de nos

1. *Justitia elevat gentem ; miseros autem facit populos peccatum.* (Prov., XIV, 34).
2. Salomon. *In semita justitiæ, vita ; iter autem devium ducit ad mortem.* (*Ibid.*, XII, 28.)
3. Victor Hugo, *Le Rhin*, I, Hetzel.

vieilles cathédrales semblent les représenter isolés du contact terrestre.

Le croire serait une erreur. Hommes de direction par la doctrine, et d'action par les œuvres, ces préférés de Dieu ont cheminé sur la route où passent les peuples, ouvrant à l'amour fraternel toutes les forces de leur intelligence et de leur cœur.

Tels furent, plus que beaucoup d'autres, les saints de l'Ordre séraphique. Le pape Léon XIII l'a déclaré dans une lettre au Supérieur général des Frères Mineurs : « Il est rapporté, a écrit le Pontife, que le bienheureux François et ses disciples les plus éminents se sont consacrés tout entiers au peuple, qu'ils avaient coutume de travailler avec une grande ardeur au salut des foules (1). »

Parmi ces héros franciscains, saint Fidèle occupe une place de choix. Suscité de Dieu pour réformer les mœurs et combattre le protestantisme en France, en Suisse et en Allemagne, il a consacré à cette double mission et ses forces et sa vie. Successivement élève de l'Université, touriste transformé en pèlerin, magistrat, novice, étudiant en théologie, prédicateur, aumônier militaire, missionnaire en pays hérétique, toujours il s'est montré, d'une façon merveilleuse, homme de direction et d'action.

De nos jours, où le cœur est attristé à la vue de tant de catholiques, richement doués par Dieu, mais endormis dans une oisiveté fatale, il est utile de montrer la noble figure du héros [*luttant, jusqu'à la mort, pour le triomphe de Jésus-Christ et pour le salut de ses frères.*

1. *De beato Francisco patre deque alumnis ejus praestantissimis memoriae est proditum, se totos populo dedere, et in salute publica operam ponere acri diligentia solitos.* (Lettre du 25 novembre 1898.)

Nous présentons cette Vie avec toutes les garanties désirables de véracité. Ce n'est pas chez des biographes plus ou moins enthousiastes que nous avons puisé nos documents : ils émanent des procès informatifs de la béatification du Saint, et d'historiens connus par leur amour de la vérité (1).

Notre guide principal a été le P. Ferdinand de la Scala, historien allemand de notre héros. Ses documents défient toute controverse (2).

Puisse ce petit travail, placé sous la protection de Marie Immaculée, à l'aurore du vingtième siècle, contribuer à l'extension de la vie chrétienne et religieuse! Puisse-t-il surtout — nous le demandons de toutes les forces de notre âme — inspirer aux protestants, nos frères séparés, un amour plus efficace de la sainte Église catholique, apostolique et romaine, pour laquelle saint Fidèle a répandu son sang.

Fr. FIDÈLE,
Missionnaire Capucin.

Chambéry, 1er janvier 1901.

1. Voici les ouvrages que nous avons particulièrement consultés :

Vita beati Fidelis à Sigmaringa, a P. Sylvestro à Milano (Roma, 1729). — *Vita di san Fidele da Sigmaringa*, da P. Massimiliano (Torino, 1746.) — *Storia delle Missioni dei Cappucini*. P. Rocco da Cesinale. Tome II (Roma, typographia Barbera, 1872). — *Chronica Provinciæ Helveticæ Ordinis S. P. N. Francisci Capucinorum* (Éditée à Soleure (Suisse), chez M. Schwendimann (1884).

2. *Der heilige Fidelis von Sigmaringen, Erstlingsmartyrer des Kapuzinerordens...*, von P. Ferdinand della Scala (Edité à Mainz, chez Franz Kirchheim, 1896).

Le même auteur a publié une pièce dramatique sur le *Martyre de saint Fidèle*. Lindau, chez Jacques Lutz (1897).

APPROBATIONS DES THÉOLOGIENS

Ayant examiné, par ordre du T. R. Père Provincial, la *Vie de saint Fidèle de Sigmaringen*, écrite par le R. P. FIDÈLE, de la Motte-Servolex, nous déclarons n'y avoir rien trouvé de contraire à la saine doctrine.

En foi de quoi, Chambéry, le 16 juin 1901.

Fr. RAPHAEL, de la Roche.
Fr. JEAN-BAPTISTE, du Petit-Bornand.

APPROBATION DU T. R. P. PROVINCIAL

Ayant fait examiner par deux théologiens de la Province la *Vie de saint Fidèle de Sigmaringen*, écrite par le R. P. FIDÈLE, de la Motte-Servolex, sur rapport favorable, nous en autorisons volontiers l'impression.

Chambéry, le 15 juin 1901.

Fr. BASILE, de la Roche,
Capucin, Provincial.

CHAPITRE PREMIER

L'AURORE D'UNE VIE SAINTE

Domine, prævenisti eum in benedictionibus dulcedinis. (Ps. XX, 4.)

Seigneur, vous l'avez prévenu de vos plus douces bénédictions.

Sigmaringen. — Naissance. — Première éducation. Heureux pronostics.

Sur les rives plantureuses du Danube, au centre du duché de Souabe, le voyageur admire une riante ville, capitale du district de Hohenzollern : c'est la petite *Sigmaringen,* illustrée par saint Fidèle.

Comme l'enfant se cramponne aux bras de sa mère, ainsi les vieilles maisons de la cité s'attachent aux crêtes de deux collines, sur l'une desquelles est assis le château des Princes, vaste édifice aux tourelles crénelées. A ce monument est adossée l'église catholique; à ses pieds, le Danube, jeune encore, laisse expirer ses flots.

Hélas! le temps a détruit les gracieux souvenirs des siècles passés; mais il en est un qui a bravé ses outrages, parce qu'il appartient plus au ciel qu'à la terre. Dieu a choisi cette petite ville pour en faire le berceau d'un héros, qui, par la force de sa parole, la puissance de sa foi et l'éclat de ses miracles, resta ferme et victorieux : *saint Fidèle.*

Son aïeul, contraint par la persécution protestante de prendre la route de l'exil, vint, en 1529, se fixer à Sigmaringen. Une dizaine d'années auparavant, le moine apostat, Martin Luther, s'était séparé de l'Église. Avec une violence impétueuse, sa doctrine s'était répandue dans toute l'Allemagne, entraînant à sa suite les guerres civiles, l'anarchie et la corruption des mœurs.

Seule, la cité princière de Sigmaringen refusa d'ouvrir ses portes à l'hérésie; et plus tard, elle put se vanter « d'être toujours restée une ville catholique et de n'avoir jamais supporté un hérétique dans ses murs ». Elle devait cette faveur à son pieux seigneur, Charles Ier de Hohenzollern, filleul de l'empereur Charles-Quint, qui mit tout en œuvre pour préserver son comté du venin de l'hérésie.

L'année même où le prince régent prenait possession de l'héritage que venait de lui léguer son auguste parrain (1529), un homme de haute noblesse du nom de Rey (ou Roy) (1), originaire d'Anvers, selon la plupart des historiens, venait abriter sa foi ardente dans l'oasis de Sigmaringen. Peu après, il contracta alliance avec une illustre famille, remarquable comme la sienne par la vivacité de sa foi. Bien des années plus tard, Mme Rey, grand-mère de notre Saint, âgée de quatre-vingt-dix ans, aimait à dire que « la famille Rey avait toujours respecté la foi de ses

1. Les historiens allemands écrivent *Roy;* les français, se rapprochant des éditions latines, écrivent *Rey.*

ancêtres et n'avait jamais supporté rien qui pût la blesser ».

De ce mariage naquirent plusieurs enfants, dont le plus célèbre est Jean, père de notre Saint. D'un caractère loyal et profondément religieux, il avait conquis l'estime de tous ses concitoyens et surtout du prince Charles, qui le nomma *Conseiller* à la Cour et *Bourgmestre* de Sigmaringen.

En piété et en vertu, Jean Rey était encore surpassé par sa digne épouse, Geneviève de Rosemberger. Un témoin oculaire en a fait cet éloge : « Geneviève ne se contentait pas de fréquenter les sacrements aux principales fêtes, mais encore plusieurs fois la semaine. Quand ses travaux le lui permettaient, elle assistait chaque jour au saint sacrifice de la messe. Par ses prières, ses paroles et son exemple, elle fit de son foyer une véritable église domestique consacrée à Dieu, dévouée à son service ; et, par l'exercice des vertus, elle disposa tous les membres de sa famille à répondre avec perfection aux appels du Très-Haut (1). »

De cette tige bénie sortirent de nombreux rameaux (2). La seconde des filles, Maria, épousa le comte de Helfenstein, de la lignée des Hohenzollern. Georges, le cadet, devint religieux capucin, sous le nom de P. Apollinaire ; enfin l'avant-dernier, le plus illustre de tous, est celui

1. P. Albert Weiss.

2. On connaît les noms de six enfants : Anna, Maria, Charles, Jean, Marc et Georges.

dont nous écrivons le nom avec le plus profond respect : *saint Fidèle*.

Il naquit en avril 1577. Sa naissance faillit coûter la vie à sa mère. Geneviève de Rosemberger révéla toute la vivacité de sa foi en cette périlleuse circonstance. Pour sauver son enfant, elle offrit aussitôt le sacrifice de sa vie; mais Dieu se contenta de l'offre héroïque. La mère et l'enfant eurent la vie sauve, et Sigmaringen conserva ainsi le joyau qui donna à la ville du Danube plus de gloire que ses princes les plus illustres (1).

L'enfant de grâce reçut aussitôt le saint baptême. Le vêtement d'innocence qu'il revêtit alors ne fut jamais, selon l'opinion unanime de ses biographes, souillé d'une tache mortelle. Le nom de *Marc*, qui lui fut donné, semble avoir été inspiré du Ciel. Comme l'Évangéliste, son protecteur, il allait avoir pour vocation principale la charge de prêcher l'Évangile à des peuples égarés, et de préparer les voies du Seigneur dans le cœur des hommes.

Son parrain fut Georges Lercher, sous-préfet de Sigmaringen.

Ses parents s'appliquèrent à jeter de bonne heure dans son âme les premières semences de la piété. Éducateurs intelligents, ils voulurent être ses premiers maîtres dans la science du salut, jusqu'à ce qu'il fût temps de lui en donner

1. La chambre qui a vu naître le Saint est convertie en chapelle. Son berceau est encore l'objet d'une grande vénération; on y dépose les enfants après leur baptême.

d'autres pour apprendre les sciences humaines. Les commandements de Dieu et de l'Église, les mystères de notre sainte religion, l'amour de Dieu et du prochain, le saint exercice de la prière, et surtout une tendre dévotion envers la Mère de Dieu, furent les premières leçons qu'ils donnèrent à cet enfant privilégié.

Durant le cours de ses études primaires, on put admirer sa mémoire prodigieuse; elle lui permettait de réciter à la lettre tout ce qu'on lui enseignait. Peut-être vers cette époque commença-t-il, sous la direction de deux maîtres habiles (1), l'étude des rudiments de la langue latine qu'il parlait et écrivait plus tard avec une élégance cicéronnienne.

De bonne heure donc, Marc Rey connut la vertu. De plus il l'aima au point d'en faire des œuvres excellentes à un âge où l'on est incapable de l'apprécier parfaitement. Ainsi, bien jeune encore, il se faisait un devoir d'assister chaque jour à la sainte messe. « Tous les yeux, écrivent les historiens du temps, se dirigeaient avec admiration sur ce jeune homme dont la conduite était extraordinaire, l'instruction religieuse remarquable, et la piété étonnante (2). »

Chacun formulait à son sujet la question de l'Évangile : « Que pensez-vous que sera cet enfant ? » tant il était visible, comme pour Jean-

1. Le Rév. curé Jonas Weiss (1592 à 1596) et le P. Philippe Resch d'Augsbourg, bénédictin.

2. Entre autres : Nicolas Saarweiss, Barth. Bannwarth, Apollinie Kapflin.

Baptiste, « que la main du Seigneur était avec lui (1) ».

Malgré de longues et patientes recherches, il nous a été impossible de trouver d'autres détails sur la jeunesse de notre héros. La cause principale de cette lacune est le vandalisme des hérétiques : pendant les guerres politiques et religieuses, ils détruisirent tous les livres et les manuscrits qui avaient rapport à la religion catholique.

Nous serons plus favorisés dans les chapitres suivants.

1. Luc, I, 66.

CHAPITRE II

L'ÉTUDIANT

> ***Sapientiam amavi et exquisivi a juventute.*** **(Sagesse, VIII, 4.)**
> **J'ai aimé la sagesse, je l'ai recherchée dès ma jeunesse.**

Orphelin. — Université de Fribourg-en-Brisgau. — Merveilleux succès dans les études. — Vertus extraordinaires. — Les Capucins à Fribourg. — Entraînement universitaire vers l'Ordre de Saint-François. — Georges Rey devient religieux.

Marc avait dix-neuf ans quand la mort lui ravit subitement son père (1596). Sa pieuse mère, se jugeant incapable de gouverner seule une maison importante comme la sienne, contracta une nouvelle union et se mit en quête d'un tuteur pour son jeune Marc. La Providence, qui veillait à la formation du futur apôtre, permit qu'il tombât entre les mains d'un homme sage et judicieux, dont le rôle allait être celui d'un père profondément chrétien.

Ainsi rassuré, Marc continua les études qu'il avait si brillamment commencées. Ses maîtres voyaient avec admiration son esprit s'ouvrir à la sagesse, sa raison se développer, et son cœur se porter aux études élevées. Rien ne lui paraissait difficile : ce qui accable les intelligences ordinaires était un délassement pour la sienne. Aussi fit-il en peu de temps des progrès qui ravissaient ses professeurs.

Les études secondaires achevées, restait à choisir la carrière qui devait, selon les desseins humains, décider de son avenir. Marc n'hésita point. Dès son jeune âge il avait éprouvé un irrésistible besoin de se consacrer au soulagement des déshérités de ce monde. A ce moment, la justice était indignement foulée aux pieds au préjudice du faible et du pauvre. « Je me constituerai le défenseur des opprimés », dit le fils du Conseiller de Hohenzollern. A cette fin, il se rendit à l'Université de Fribourg-en-Brisgau, où il se livra à l'étude de la philosophie, puis à celle du droit (1598) (1).

Bientôt son frère cadet se joignit à lui, et tous les deux rivalisaient de zèle et d'application. Leurs dispositions n'étaient pas les mêmes. Georges s'adonna de préférence aux arts libéraux ; il y remporta de tels succès que, en peu de temps, il fut couronné du grade académique de *Maître ès Arts*. De son côté, Marc donna des preuves si évidentes d'un esprit pénétrant, d'un jugement sûr et d'une persévérance de fer, que professeurs et élèves, enthousiasmés, l'appelèrent le *Philosophe chrétien* par excellence.

1. L'Université de Fribourg-en-Brisgau fut fondée en 1453, par Albert III, archiduc d'Autriche ; celle de Fribourg en Suisse n'existe que depuis 1889. Cette date est consignée dans le registre de l'Université.

On lui donna même une chaire de professeur à l'Université, faveur très exceptionnelle.

C'est à cette époque qu'il se rendit familiers les éléments des langues étrangères, surtout de l'italienne, de l'espagnole et de la française.

Grande était la vénération dont Marc était l'objet de la part de ses condisciples. Pour eux, Rey n'était pas un camarade, mais un maître éminent. Gaspard Kleckler, qui fut son condisciple durant trois ans, a écrit : « Parmi tous les étudiants, il excellait par la culture de son esprit, par son instruction supérieure, par sa connaissance des langues, et par une érudition incomparable. Une carrière des plus brillantes semblait s'ouvrir devant lui (1). »

Marc ne négligeait aucune branche de l'enseignement. Il était même très habile à l'escrime, maniant les armes d'une façon remarquable, et croisant l'épée avec avantage, comme en témoigne son ami et élève le baron Jean-Guillaume de Stotzingen (2).

Dès qu'il eut conquis les lauriers de docteur en philosophie (1601), il assista assidûment aux cours de tous les professeurs de droit, et s'exerça dans la partie par de fréquentes dissertations. « Il n'avait pas son pareil », aimait à redire le Recteur de l'Université.

Ce jeune homme, bien fait, de haute et élégante stature, éminemment supérieur dans les

1. *Testor quod omnibus suis condiscipulis eruditione et doctrina præfulserit.* — Procès de Coirc.

2. *Egregie se armis defendere et degladiari valebat.*

sciences, était surtout remarquable par une piété solide et une grande pureté de mœurs.

Il est difficile, parfois, à un étudiant maître de ses loisirs, de se maintenir dans le chemin de la vertu. Enthousiaste et turbulent, inexpérimenté, ami du plaisir, il devient facilement victime de la fougue ou des ardeurs de l'âge. Par sa vie d'écolier, notre Saint prouve cependant que l'étudiant peut, s'il le veut, résister à tous les entraînements; il sut traverser, le cœur intact, les périls de cette mer agitée, comme le pilote passe à travers les écueils sans s'y briser. Une pureté angélique rayonnait dans toute sa personne et s'alliait à une modeste timidité qui sied si bien à la jeunesse et la rend aimable.

Voici le secret de sa force : pour triompher de ses passions et des assauts de l'enfer, Marc s'appliqua à cultiver la pénitence et la sobriété, vertus dont l'absence cause le naufrage de tant de jeunes gens. Jamais on ne le vit commettre quelque excès dans le boire et le manger ; il s'abstenait même totalement de l'usage du vin. Ses jeûnes étaient fréquents et rigoureux. Durant le Carême, il portait un rude cilice sous ses vêtements de gentilhomme, afin de dompter sa chair et la soumettre à l'esprit. Dans le cours de ses voyages, quelque fatigué qu'il fût, il ne s'en dispensa jamais, persuadé qu'un bon chrétien doit toujours porter en son corps la mortification de Jésus-Christ (1), et se

1. II Cor., IV, 10.

tenir en garde contre son ennemi domestique.

Cette vie austère ne l'empêchait pas d'être doux et affable envers tout le monde. La vraie dévotion n'est ni grossière, ni farouche. Il le savait, aussi ne laissa-t-il jamais de conserver une charmante politesse, et de se montrer de belle humeur dans la conversation.

A la pénitence il joignait une angélique piété; cette piété était chez lui fondée sur un ardent amour de Dieu, principe et fin de toutes ses actions, et sur une crainte excessive de l'apparence même du péché. Par cette pratique, l'étudiant chrétien fait du travail une oraison continuelle; et, comme il est vrai que celui qui étudie selon l'esprit de Dieu prie toujours (1), c'est aussi une étude continuelle que de savoir bien prier.

Convaincu de ce principe, Marc Rey priait toujours, parce qu'il ne cherchait qu'à accomplir la volonté de Dieu.

Fidèle à fréquenter les sacrements, à visiter les églises, où il épanchait son cœur en mille sentiments d'adoration, d'actions de grâces et d'amour, il faisait succéder tour à tour les pratiques de piété à l'étude des sciences humaines; ou, pour parler plus juste, il ne les sépara jamais.

Tel fut le saint étudiant que le baron de Stotzingen, au procès de béatification, louait en ces termes : « Je n'ai rien vu, rien aperçu dans tous

1. *Qui studet, orat.*

ses rapports et dans toutes ses actions, qu'une vie pieuse, vouée à Dieu et digne d'être citée comme modèle. »

L'éclat de tant de vertus allait briller d'une plus vive lumière à la suite de l'entrée en religion de Georges Rey.

A cette époque, la réputation de certains religieux venus d'Italie en Allemagne avait frappé les membres de l'Université. « On les voit, se répétaient les groupes d'étudiants, revêtus de frocs grossiers, nu-têtes, avec une corde de chanvre autour des reins, de longues barbes, des sandales aux pieds, un long capuchon pointu pour les protéger contre les injures du temps; et, pour s'abriter contre les injures des hommes pervers, la confiance en Dieu : voilà tout le luxe de leur extérieur. » Leur apparition disposait tous les cœurs à la pénitence.

Lorsque les citoyens de Fribourg-en-Brisgau apprirent avec quel succès ces religieux, appelés *Franciscains* ou *Capucins*, avaient travaillé en Suisse, en Autriche, en Italie et en France (1), avec quelle fidélité ils imitaient leur fondateur saint François d'Assise, ils voulurent en posséder dans leur ville, bien qu'ils eussent déjà huit églises et sept monastères. Répondant au désir du peuple, le Conseil des Bourgeois formula la demande aux Supérieurs réunis en chapitre à Altdorf. A leur requête, le Supérieur de

1. JANSSEN, *Histoire du peuple allemand*, V° vol., 202-206.

la Province suisse envoya quelques religieux qui reçurent un accueil triomphal.

Notre Saint les voyait pour la première fois.

Un incident fâcheux suspendit l'érection du couvent. Nous le mentionnons parce qu'il était d'un rare intérêt pour les étudiants en droit.

Comme dans la plupart des villes universitaires de cette époque, il existait à Fribourg-en-Brisgau, entre le Sénat de la ville et le Sénat académique, une convention d'après laquelle aucune décision grave ne pouvait être mise en pratique sans l'approbation des deux Sénats. Or, les Bourgeois avaient envoyé leur demande sans l'avis des Académiciens. De là surgit un opiniâtre ressentiment chez ces derniers qui opposèrent un *Veto* irréductible. Victimes innocentes de ce désaccord, les religieux durent rentrer dans leur Province.

Quatre ans plus tard, l'accord put s'établir, et, en 1601, le couvent était achevé, à l'unanime satisfaction des habitants et des maîtres de l'Université.

Ceux-ci ne tardèrent pas à remarquer la douce, mais ferme influence qu'exerçait sur leurs jeunes étudiants la vie sobre et austère des Capucins. Plusieurs allèrent même jusqu'à l'embrasser; et il ne fut pas rare dès lors de voir les favoris des muses échanger l'élégant pourpoint contre la bure grise, et de jeunes gentilshommes jeter l'épée et le ceinturon pour se ceindre d'une corde de chanvre.

L'esprit chrétien n'était pas obscurci comme

il l'est depuis plus d'un siècle par les doctrines voltairiennes. Aujourd'hui, grâce à une fausse appréciation du christianisme, certaines familles de l'aristocratie se croiraient humiliées si un des leurs revêtait les insignes de la pau vreté de Jésus-Christ, « elles n'ont plus assez le sentiment chrétien pour donner leur fils au sanctuaire ou au cloître. Elles sont encore au Parlement, au champ de bataille; elles ne dédaignent même pas de redorer leurs blasons au feu des forges et d'accoter au manoir ancestral le hall manufacturier. Pourquoi leur nom et leur sang ne demandent-ils plus à l'autel ses rayons et ses flammes (1)? »

Rien ne prouve mieux l'affaiblissement de la foi, la mollesse des mœurs, l'énervation des caractères et la mondanité de l'éducation.

Cette absence de vocations religieuses et sacerdotales chez les classes élevées a-t-elle pour cause unique la coupable infidélité des parents, est-elle un châtiment du Ciel, qui ne les juge pas dignes de marcher de si près sur les traces du divin Maître ?

Sans vouloir approfondir cette redoutable question, et sans nous demander si la haute société fuit l'autel parce qu'il n'a plus d'honneurs humains ni de dividendes à distribuer, contentons-nous de constater que, aujourd'hui, Dieu merci, des familles illustres sont encore fières de compter un des leurs dans les rangs

1. P. Léon, *Au soir du XIXe siècle*, p. 13.

des milices religieuses, comme l'étaient, jadis, leurs aïeux.

Au XVIIe siècle, tandis que la doctrine des soi-disant Réformateurs cherchait à s'emparer de l'élite sociale et à battre en brèche la vie religieuse, de toutes parts se formaient des hommes qui devaient jeter un flagrant démenti aux disciples de Luther et de Calvin. Ils quittaient leurs brillantes positions, renonçaient à leur fortune, purifiaient leurs âmes par la mortification et la pénitence. Ce n'étaient pas des hommes du commun : pour la plupart, ces jeunes gens étaient les rejetons des plus nobles familles.

La bure franciscaine avait les préférences.

Le petit couvent des Capucins de Fribourg-en-Brisgau, avec son noviciat rempli de jeunesse, accusait d'une manière sensible ce merveilleux mouvement. De nombreux gentilshommes de la Souabe recevaient le saint habit dans son église.

Plusieurs étaient connus de notre Saint ; quelques-uns avaient été ses condisciples. L'un d'eux lui fit une impression très grande quand il lui dit *adieu* pour entrer dans l'Ordre ; ce fut son propre frère, Georges. En 1604, il échangea les livrées du monde contre celles du cloître et son nom de séculier contre celui de P. Apollinaire de Sigmaringen.

Le P. Apollinaire avait beaucoup quitté ; car son avenir apparaissait magnifique. Doué de grands talents, d'une éloquence entraînante, poète et musicien, il abandonna tout pour se donner à Dieu et sacrifier à la pénitence sa vie joyeuse d'autrefois. Il se donna si parfaitement que tout en lui fut changé presque à la première heure, et qu'il se distinguait dès lors par un grand amour de Dieu et du prochain, et une profonde humilité.

Marc ne fut pas le dernier à bénéficier de cette sainteté précoce. Combien de fois n'a-t-il pas dirigé ses promenades vers le tranquille petit couvent pour s'édifier au spectacle des vertus de son frère cadet ! Sa sainteté grandit à ce contact et prit dès lors un essor nouveau. Ses compagnons d'étude le prirent bientôt en si grande estime, que plusieurs lui demandaient un règlement de vie, le choisissaient pour directeur de leur âme et de toutes leurs actions. Nous allons en lire une preuve dans le chapitre suivant.

CHAPITRE III

EN VOYAGE

In terram alienigenarum gentium pertransiet, bona enim et mala in hominibus tentabit. (Eccli., XXXIX, 5.)

Il ira dans les terres des nations étrangères, et il éprouvera au milieu des hommes le bien et le mal.

Le baron de Stotzingen. — Touriste transformé en pèlerin. — Les conférences avec les protestants. — Séparation des voyageurs. — Docteur « in utroque jure ».

Déjà, à cette époque, il était de bon ton de faire voyager les jeunes gens de grande famille avant leur entrée dans la vie pratique. Comme Marc l'a lui-même écrit, « c'était pour acquérir de l'expérience, étudier les langues étrangères, les bonnes manières ; enfin pour mettre un couronnement aux études ».

Le baron Christophe-Guillaume de Stotzingen (1) et son épouse Anna, née Vogt, pleins d'admiration pour le gentilhomme de Sigma-

1. Cette famille distinguée a conservé avec soin le culte de saint Fidèle et une haute estime pour l'Ordre des Capucins. D'après une tradition séculaire, un de ses fils doit toujours porter le nom de *Fidèle*. Celui qui jouit de ce privilège à ce moment est le P. Fidèle, religieux bénédictin au monastère de Buron (Allemagne). A sa baronnie il a préféré le froc monacal.

ringen, le prièrent d'accompagner leur fils et plusieurs autres jeunes seigneurs dans les diverses contrées de l'Europe.

Marc y consentit, mais à certaines conditions, dont la principale était d'être libre, au cours de tout le voyage, de vaquer à ses exercices de piété, promettant toutefois de ne pas se rendre incommode. La condition était trop raisonnable pour ne pas être acceptée.

Ces préliminaires de voyage nous font quelque peu sourire aujourd'hui où tant de moyens de locomotion ont comme supprimé les distances. Les siècles précédents étaient moins favorisés. Parcourir les contrées étrangères était alors une entreprise extraordinaire.

Dieu, qui facilite à ses élus les moyens d'accomplir leur rôle providentiel, semble avoir préparé ce voyage pour permettre à notre Saint de faire une étude plus approfondie de *l'ennemi* à la conversion duquel il allait travailler.

Cet ennemi, c'est le protestantisme, alors encore dans toute l'effervescence de son cruel prosélytisme.

En Angleterre, la sanguinaire Élisabeth venait de terminer une vie souillée du sang de plusieurs milliers de catholiques (1603). Durant les vingt dernières années de son règne, une foule de laïques, de prêtres et de religieux furent mis à mort, exilés ou jetés dans les cachots. Tout le monde connaît son chef-d'œuvre de barbarie, c'est-à-dire l'exécution de sa cousine Marie

Stuart (1587) : crime flétri par Voltaire lui-même.

En France, chacun gardait le souvenir des guerres allumées par les Huguenots ; on parlait beaucoup des vingt mille églises détruites, de la multitude de prêtres, de religieux et de laïques horriblement massacrés ; les larmes des mères ne tarissaient pas sur tant de soldats tombés dans ces luttes fratricides. « Voilà l'œuvre des protestants ! » disaient des milliers de voix attristées.

Les vrais patriotes français s'étaient à bon droit alarmés de l'envahissement de la Réforme ; ils criaient *au péril protestant*.

La religion catholique et la patrie étaient également menacées. « Plutôt un étranger qu'un catholique à la tête de la France ! » disaient les Huguenots. Pour atteindre leur but, ils avaient enveloppé le pays d'un réseau de conspirations (1). Dans chaque province, ils avaient un chef, qu'ils opposaient, de fait, au gouverneur du roi, si ce gouverneur était catholique. Sous ce chef étaient groupés des agents auxiliaires, puis des ministres, qui recueillaient des collectes et faisaient des prêches (2).

« Rien n'était négligé pour fomenter la guerre civile. Dans le but d'augmenter leurs trésors de guerre, tout moyen leur était bon, voire la trahison. Contre [illegible]nt quarante mille écus d'or,

1. Revue des Questions historiques. 1866, I, 1, p. 21.

2. Henri Hello, *Catholiques et protestants au XVIe siècle*, p. 17.

Condé et Coligny livrèrent aux Anglais le Havre, Dieppe et Rouen. » Dargaud, le panégyriste des traîtres, l'a avoué (1). Le protestant Colbert appelait cet acte « une lâche perfidie ».

Marc Rey devait plus tard rencontrer les mêmes horreurs dans la Rhétie. Déjà habile diplomate, il voyait, non sans peine, poindre sous Henri IV la politique antichrétienne qui, sous Richelieu, allait favoriser en Rhétie les révoltes des Calvinistes, sous prétexte d'abaisser la puissance de la maison d'Autriche.

Par son abjuration Henri IV avait mis fin à la guerre civile; mais la guerre intellectuelle allait la remplacer avec avantage. Elle prit des proportions extraordinaires à la suite de la concession des privilèges exceptionnels, faite aux protestants malgré les protestations de la Sorbonne, de l'Université et du Parlement de Paris (1598). Enhardis par ces succès qui les constituaïent en un État dans l'État et leur permettaient de lutter d'égal à égal contre le pouvoir royal, ils ne négligeaient aucune occasion de réclamer davantage et de propager leurs erreurs.

Durant son voyage en France, comme l'a déclaré le baron de Stotzingen, Marc prenait part aux controverses publiques, soit dans les Académies, soit dans les clubs des protestants, où il aimait à réfuter la doctrine antireligieuse et antipatriotique de ces derniers. Les juriscon-

1. Édit de Nantes (1598).

sultes français ne pouvaient contenir leur admiration devant ce jeune gentilhomme allemand qui traitait les questions les plus ardues avec autant de facilité que ceux qui ont blanchi dans l'étude du droit et de la théologie (1).

Après la visite de la France, ce fut le tour de l'Italie et d'une partie de l'Espagne.

Marc ne manqua aucune occasion de profiter de ce voyage, non seulement pour lui, mais aussi pour ses compagnons qu'il voulait enrichir de connaissances religieuses et de pratiques chrétiennes. A ce sujet, laissons parler le baron de Stotzingen. « Marc, a-t-il écrit, ne m'a jamais quitté pendant notre voyage en France et en Italie. Toujours il me parut un fidèle serviteur de Dieu.

« Je ne l'ai jamais vu en colère. A peu près chaque matin il s'approchait des sacrements, surtout aux fêtes de Notre-Seigneur, de la sainte Vierge et de saint François d'Assise; il nous engageait à faire de même. C'était avec une grande piété qu'il récitait les prières du matin et du soir et celles qui précèdent et suivent le repas. Il s'enrôlait dans toutes les confréries de la Sainte-Vierge.

« Pendant notre séjour à Rome, il visitait assidûment les lieux saints et les stations enrichies d'indulgences.

1. Les comptes rendus de ces joutes publiques existent certainement dans les archives de nos principales villes. Les amis de l'histoire religieuse qui en ont la facilité devraient en faire la recherche et la publication.

« Il ne manquait aucun jour d'assister à la messe, et quand j'y arrivais en retard, il m'obligeait à faire un certain nombre de prières devant les sept autels principaux.

« Les âmes du purgatoire étaient l'objet de sa grande sollicitude; souvent il nous exhortait à prier pour leur délivrance.

« Il se faisait un devoir d'assister aux ensevelissements, quand il n'en était pas empêché par un grand obstacle. A Dôle, en Bourgogne, il s'enrôla dans la confrérie de Saint-Georges, dont les membres, vêtus d'habits noirs et en forme de sac, ont la mission d'ensevelir les condamnés à mort après les avoir accompagnés au pied de l'échafaud.

« Il veillait avec un grand soin sur la société que je fréquentais. Jamais il ne nous laissait boire au delà du nécessaire et me rappelait souvent qu'il fallait être charitable envers les pauvres.

« Tout était réglé dans sa journée. Il observait avec une scrupuleuse exactitude les lois du jeûne et de l'abstinence, portait un cilice et se donnait fréquemment la discipline.

« A mon avis, qui était aussi celui de tous ceux qui avaient le bonheur d'avoir quelque rapport avec lui, c'était un *saint*.

« Ce qui contribua beaucoup à le conserver dans une si grande pureté de mœurs, fut la tendre dévotion qu'il professa toujours envers la très sainte Vierge. Tous les samedis il jeûnait rigoureusement en son honneur, et ne se dispensa jamais de réciter chaque jour le petit office et le chapelet (1). »

Au retour de ce voyage (1610), accompli plutôt en pèlerin qu'en touriste, Marc se fixa chez son ami de Stotzingen, à Fribourg-en-Brisgau. Il y resta près de deux ans.

Ce fut un spectacle très touchant de voir les larmes des autres voyageurs au moment de la séparation. Ils embrassèrent leur ami en sanglotant, sans pouvoir prononcer une parole. A cette vue, on comprenait assez le bonheur qu'ils avaient goûté pendant six ans de voyage, en la compagnie d'un guide qui avait été pour eux un père tendre et dévoué. Marc, le premier, eut la force de rompre le silence; et, à ses adieux, il ajouta des avis salutaires. « Souvenez-vous, mes amis bien-aimés, que vous êtes nobles, mais que la vraie noblesse consiste dans la vertu. C'est peu de porter un grand nom quand on dément sa naissance par des actions indignes. C'est le mérite qui a donné la noblesse à vos ancêtres, et ce n'est aussi que par le vrai mérite que vous devez la conserver. Ayez toujours devant les yeux la crainte du Seigneur. Gardez fidèlement sa sainte loi, et cette loi vous gardera toujours. Évitez surtout le péché qui fait perdre la grâce de Dieu; n'oubliez jamais que vous êtes créés pour le ciel, et que le ciel ne nous est promis qu'à titre de récompense : ce n'est que par une

1. Procès de Constance.

vie sainte que nous pourrons y parvenir. »

Ces sages conseils, qu'on dirait tombés de lèvres habituées aux discours de haut ascétisme, mirent fin à leurs adieux. Brisés par la douleur, ces excellents amis se séparèrent.

Marc reprit avec ardeur l'étude du droit canonique et du droit civil à l'Université.

En 1611, il eut la joie d'assister à la première messe de son frère, le P. Apollinaire.

Quelques jours plus tard, une épidémie des plus contagieuses éclata à Fribourg, et l'empereur fit transférer l'Université à Villingen. C'est là que le Saint affronta les épreuves de son dernier examen; avec quel succès? il est aisé de le deviner. Déjà son professeur, André Zimmerman, avait déclaré que, « dans toute la ville et l'Université de Fribourg-en-Brisgau, il n'était guère possible de trouver quelqu'un qui fût plus fort en droit que Marc Rey ». Le 7 mai 1611, en présence d'un public nombreux et choisi, il fut couronné docteur en droit civil et en droit canonique avec les plus grands honneurs et les félicitations unanimes de l'assistance. Ainsi l'affirma, quatre ans après la mort du Saint, le Recteur de l'Université (1). Que

1. *Nos Fridericus Martini... archiducalis academiæ ac Universitatis Cath. Friburgensis Brisgoviæ Rector, cæterique Rectores... deferimus... D. Marcum Rey, dictum postea Fidelem... sept. die 1611 a nobili et consultissimo viro Thoma Metzgers... summa cum laude et omnium applausu utriusque Juris doctorem fuisse creatum,* etc... (Procès de Constance.)

l'on nous permette l'insertion de cette pièce mémorable :

« Au nom du Christ. Amen !

« Nous Frédéric Martini, docteur *in utroque jure*, professeur supérieur de droit canonique, comte du Palais du Pape et de l'Empereur, conseiller de Son Excellence l'archiduc Léopold d'Autriche, actuellement recteur de l'Académie archiducale et de l'Université catholique de Fribourg-en-Brisgau, ainsi que tous les autres docteurs, professeurs et membres du Sénat académique de cette ville, à tous les dignitaires, ainsi qu'à tous ceux qui lisent cette œuvre, salut et fraternité dans l'amour du Christ !...

« Il est juste et équitable de délivrer et d'accorder un témoignage public de satisfaction à tous ceux qui ont vécu honorablement dans cette institution scientifique et populaire et qui, par leur travail, ont acquis des connaissances dans une faculté quelconque.

« Puisqu'on nous a demandé, de par la loi, un témoignage pour le très honorable et pieux M. Marc Rey, appelé Fidèle, et mort en Notre-Seigneur.

« Nous certifions par cette présente lettre ouverte, que le P. Rey, après avoir fini brillamment ses études philosophiques et scientifiques dans cette célèbre Université, a été couronné docteur en philosophie, et s'est adonné à l'étude de la jurisprudence.

« Dans la même Académie, il a suivi les cours de tous les professeurs de droit avec la plus grande assiduité ; il s'est exercé dans cette branche par des dissertations et autres exercices, écoutant, discutant, défendant ; ce qu'il fit pendant trois années consécutives. Ensuite il partit avec quelques jeunes gens nobles de la Souabe, entre autres le baron de Stotzingen, et visita la France et l'Italie. Dès ce moment rentré chez nous, en Allemagne, il a été reçu docteur dans les deux droits, à Villingen, où l'Université de Fribourg, en vertu d'un privilège, fut transférée à cause d'une épidémie pestilentielle qui régnait dans la ville. Le 7 mai 1611 il fut couronné docteur par le noble et très savant Thomas Metzger, docteur *in utroque* et professeur de jurisprudence, avec le plus grand honneur et l'approbation de tous les assistants. Sa conduite a été en tous points irréprochable, et nous n'avons qu'à lui donner toute notre estime. Nous déclarons ces choses vraies, etc... Donné à Fribourg-en-Brisgau, le 19 juin 1626. »

Les compatriotes du nouveau docteur étaient fiers de compter un des leurs parmi les rares lauréats *in utroque jure*, et déjà ils étaient impatients de le voir réaliser dans le barreau les grands desseins que la Providence semblait avoir sur lui.

CHAPITRE IV

L'AVOCAT

> *Beati qui custodiunt judicium, et faciunt justitiam in omni tempore.* (Ps. 105, v. 3.)
>
> Heureux ceux qui observent l'équité et qui pratiquent en tout temps la justice !

Excellence de cette profession. — Au barreau d'Ensisheim. — Le juriste émérite. — La justice allemande au XVIIe siècle. — Providentiel incident de plaidoirie. — Choix de l'Ordre des Capucins.

De toutes les professions, une des plus honorables est celle qui consiste à protéger l'innocence, à défendre le bien et les droits contre la violence ou la ruse, et qui rend à l'État un service aussi important que celui de défendre le territoire par les armes.

Telle est la profession d'*avocat*. Représentant officiel du droit, il prend en main les intérêts de son client, se les approprie, et consacre son temps et ses forces à les faire triompher.

Cette carrière avait de bonne heure attiré le cœur du gentilhomme Marc Rey. Le désir de travailler au soulagement du pauvre, de la veuve, de l'orphelin, et de se constituer le vengeur des familles opprimées, avait enflammé son ardeur dans l'étude du droit.

Après sa promotion au doctorat, il alla exercer en Alsace, à Ensisheim, ville qui était alors une capitale des États autrichiens et une résidence du Gouvernement. Il y jouit de l'amitié de son compatriote, le comte impérial Charles II de Hohenzollern-Sigmaringen, et possédait un grand crédit à la Cour. Après quelques mois, il fut nommé assesseur de la haute Cour de justice.

Sa réputation ne tarda pas à se répandre au loin, grâce à sa science extraordinaire jointe à une éminente vertu. Son cabinet était constamment assiégé de clients. Chacun s'empressait de le choisir comme arbitre dans les différends les plus épineux. Une qualité assez peu commune le rendait cher aux plaideurs, c'était l'habileté avec laquelle il accommodait les parties à l'amiable sans recourir au tribunal.

Dans son langage brillaient à un si grand degré la prudence, la dignité, l'érudition et surtout la netteté sur les matières les plus embrouillées, que toutes les difficultés s'aplanissaient devant lui à mesure qu'il s'appliquait à en développer les mystères.

Son amour pour l'équité, que signalait surtout un désintéressement absolu, lui donna en peu de temps l'enviable réputation d'être par excellence l'avocat des pauvres et le défenseur des innocents opprimés. A le voir rechercher et prendre en main la cause des petits et de tous les déshérités de ce monde, ses concitoyens lui appliquaient les paroles du saint homme

Job : « L'oreille qui m'écoute me proclame bienheureux; l'œil qui me voit affirme que je délivre le pauvre qui crie et l'orphelin qui n'a personne pour le secourir. Je me suis revêtu de la justice, et l'équité me tient lieu de la pourpre ou du diadème ; je suis l'œil de l'aveugle et le pied du boiteux, je suis le père des pauvres, et je m'instruis des affaires que j'ignorais afin de faire éclater les droits de ceux qui étaient injustement persécutés (1). »

Un biographe du Saint rapporte qu'au dix-septième siècle la législation allemande était si compliquée que les jurisconsultes se heurtaient à d'insurmontables difficultés dans la rédaction des rapports et des sentences. Aussi, à défaut de ces dernières, les querelles s'y tranchaient-elles assez fréquemment par le pugilat ou la pointe de l'épée.

De plus, les procès *gras* et longs étaient à l'ordre du jour, principalement à Ensisheim où un grand nombre d'avocats s'étaient donné la mission d'envenimer les querelles, de faire traîner les affaires en longueur par mille incidents suscités à propos, et par des procédures superflues qui ruinaient les plaideurs (2).

Comme le Saint l'affirma plus tard, la corruption, la malice et l'injustice présidaient aux

1. Job., ch. 29.

2. Peut-être est-ce de cette époque que date ce facétieux dialogue entre un avocat et son client :

Le client : Monsieur, vous me certifiez bien que je gagnerai mon procès, n'est-ce pas?

L'avocat : Vous, non; mais vos *arrière-petits-fils*.

débats judiciaires. Il en était indigné. Sa loyauté fut bientôt reconnue exceptionnelle, inopportune, gênante, et provoqua de la part de ses collègues, des haines et des tracassèries incessantes. « Faites comme les autres », lui disaient-ils.

Blessé, dégoûté de cette situation, Marc Rey songea à un genre de vie plus utile à son âme; il ne voulait plus d'une profession si dangereuse pour la conscience et si apte à enrichir aux dépens d'autrui. Du reste, les mille affaires nouvelles qui se succédaient sans interruption l'absorbaient et l'empêchaient de vaquer, selon ses désirs, aux exercices de piété dont son âme avait une faim ardente. Un ralentissement dans le service de Dieu et la destruction de la paix intérieure en étaient la conséquence inévitable. L'avenir cependant lui souriait et lui faisait entrevoir, dans un temps prochain, la fortune et les grandeurs. Encore quelques années, et il serait le premier à la Cour et l'arbitre de la cité. Mais c'était en vain; Marc étudiait la volonté du Ciel, il en sollicitait la manifestation par de ferventes prières. Dieu l'exauça et fit connaître son dessein par un incident de plaidoirie.

Un jour, soutenant une cause très juste, il le fit avec des arguments si solides et si convaincants, que l'avocat de la partie adverse ne put y répondre. Irrité de son échec, celui-ci, après l'audience, donna libre cours à sa colère : « A quoi donc pensez-vous, Me Rey ? Pourquoi apporter dès le début les preuves les plus puissantes? Du train que vous y allez, jamais vous ne ferez fortune; on ne termine pas les affaires à la première audience; il est bon de faire acheter un peu cher aux parties leur droit respectif. Notre art demande une prudente dissimulation pour prolonger les débats par les formalités spécieuses qui sont en usage au barreau. Sans cela, adieu le bénéfice. N'est-il pas juste que chacun vive de son état? Si vous n'y tenez pas, vous, ayez au moins compassion de vos collègues. Vous êtes jeune encore; il faut espérer qu'avec l'âge et un peu plus d'expérience, vous apprendrez à mieux régler votre zèle trop ardent à rendre la justice. »

Ce discours inattendu fut comme un coup de foudre pour le pieux et loyal avocat. Son cœur fut bouleversé. Des paroles jetées avec si peu de ménagement ne servirent qu'à lui dessiller les yeux et à lui montrer de plus en plus les dangers auxquels l'exposait sa profession. Retiré à l'écart, il réfléchit sur les responsabilités de sa charge, sur les dangers du monde qui l'entourait, d'un monde qui ne vit trop souvent que de procédures iniques, de fraudes et de mensonges. « Comment, se dit-il à lui-même, réagir seul contre tous les autres? Comment sauver mon âme? Ah! on en est là avec les affaires de justice? Eh bien! je n'en veux plus. »

La grâce, agissant de concert avec ces craintes, il prend aussitôt la résolution irrévocable d'embrasser un autre genre de vie. Persuadé, selon l'oracle de saint Paul (1), que celui qui court après les richesses se précipite dans la voie de la perdition, et que ce honteux intérêt peut trouver place dans toutes les conditions civiles si on les remplit d'après les maximes séculières, il résolut de se retirer dans le paradis terrestre de la vie religieuse.

Trois Ordres le captivaient, chacun par un attrait spécial : celui des Chartreux, à cause de la solitude qu'il professe; celui des Jésuites, par la culture de la science et le zèle pour le salut des âmes, et enfin celui des Capucins. Longuement, il réfléchit dans le silence et la prière, et opta pour l'Ordre des Capucins, parce qu'il savait y trouver à la fois et l'esprit d'oraison des Chartreux et la charité laborieuse des Jésuites pour la sanctification du peuple chrétien.

Ce choix lui fut aussi dicté par l'exemple de tant d'hommes illustres par leur naissance ou leur savoir, qui renonçaient aux honneurs et aux richesses pour embrasser la vie austère de saint François d'Assise. A ce moment, en effet, une pléiade de héros brillaient au ciel de l'Ordre séraphique. En Allemagne et en Suisse, on exaltait l'héroïque charité du P. Stéphane d'Unterwalden et de plusieurs autres qui avaient sacrifié leur vie au soin des pestiférés. L'Italie était légitimement fière de saint Laurent de Brindes, dont l'éloquence et les miracles avaient

1. I Tim., VI, 9.

un retentissement dans toutes les contrées et le rendaient l'âme de l'Europe catholique. L'humble Fr. saint Séraphin d'Ascoli et le brûlant missionnaire saint Joseph de Léonisse ajoutaient de nouveaux fleurons à l'auréole séraphique. La Belgique vénérait avec admiration l'austère Benoît de Canfeld, protestant converti. Le duché de Savoie était rempli des merveilles opérées par le P. Jean de Maurienne. En France, les fils des premières familles se faisaient gloire de revêtir les livrées de l'Ordre des Capucins. Nous en citerons seulement trois que le Saint a dû voir et entendre durant son voyage :

Le vénérable P. Honoré, fils du premier président du parlement royal, Bouchart de Champigny. Il était l'un des premiers orateurs de France. On travaille à sa béatification.

Le P. Ange, duc de Joyeuse, cousin de la famille royale, venait de reprendre l'habit religieux (1599) qu'il avait momentanément échangé contre la cuirasse pour empêcher Henri IV d'occuper le trône avant d'avoir abjuré le protestantisme.

Le P. Joseph, seigneur du Tremblay, du même âge que notre Saint, mais devenu religieux à seize ans, remplissait déjà la France du bruit de ses prédications et de ses vertus, avant de devenir le conseiller intime de Louis XIII, le confident de Richelieu, et, selon l'expression d'un historien, « l'étoile polaire de la France » (1577-1638).

Dans le cours de ses voyages, Marc Rey n'aurait-il pas rencontré quelques-unes de ces célébrités de l'Ordre de Saint-François ? Nous le croyons probable. D'ailleurs, il avait sous les yeux des exemples non moins entraînants. En 1612, deux lauréats des arts libéraux revêtaient l'habit franciscain; c'était ensuite le maître ès arts, puis le prévôt du séminaire collégial de Wolfegg, lui aussi maître ès arts libres à Fribourg. Les populations se demandaient si l'Université ne deviendrait pas bientôt tout entière *franciscaine*.

Chacune de ces prises d'habit était pour le docteur Rey un appel réitéré. Il allait céder à tant de sollicitations.

CHAPITRE V

AU PARADIS TERRESTRE

> *Suscitabo mihi sacerdotem fidelem qui juxta cor meum, et animam meam faciet : et ædificabo ei domum fidelem, et ambulabit coram Christo meo cunctis diebus.* (II Reg., II, 35.)
>
> Je me susciterai un prêtre fidèle et qui agira selon mon cœur; je lui bâtirai une demeure stable et tous les jours il marchera devant mon Christ avec assurance.

Ordination sacerdotale. — Exultet *d'un Séraphin terrestre. — En cellule. — Un joyau de la piété. — Vêture religieuse. — Le P. Fidèle. — L'ascension de la montagne de la vertu.*

Dans l'été de 1612, un gentilhomme de la Cour de Charles de Hohenzollern se présentait à la porte du couvent des Capucins de Fribourg-en-Brisgau et demandait audience au T. R. Père Alexandre Buklin, supérieur de la Province Suisse-Souabe. Agenouillé devant le vénérable religieux, il sollicitait la faveur d'entrer dans l'Ordre Franciscain : c'était l'assesseur du tribunal, le docteur Marc Rey.

Tout d'abord, le P. Alexandre répondit par un refus. L'âge du postulant, sa condition qui ne lui permettrait peut-être pas de s'habituer aux austérités du cloître, paraissaient être des obstacles, mais la persistance de Marc, jointe à la connaissance de ses vertus, fléchit bientôt le bon Père. Toutefois, n'ayant pas une entière confiance dans la sincérité de cette vocation, il exigea que Marc, avant de franchir le seuil du noviciat, fût promu aux Ordres sacrés et même au sacerdoce.

Plein de joie à cette nouvelle, l'avocat donna sa démission d'assesseur de la Haute Cour, ferma ses livres de droit et se livra aux études préparatoires aux saints Ordres.

Grâce à son doctorat en droit canonique, il put, en septembre 1612, recevoir la consécration sacerdotale de Mgr Jean-Jacques Mürgel, dans la chapelle de l'évêché de Constance.

A la vue des moyens que la divine Providence a employés pour fixer le cœur de ce héros sacré, on ne peut que dire avec l'Apôtre : « O profondeur de la sagesse et de la science de Dieu ! Qu'ils sont incompréhensibles ses jugements, et impénétrables ses voies (1) ! »

Marc le comprenait; et le trop-plein de son cœur reconnaissant s'est déversé dans une prière, ou, pour mieux dire, dans un hymne d'actions de grâces, brûlant comme le chant d'un séraphin : on pourrait l'appeler l'*Exultet* d'une âme sacerdotale. En voici quelques fragments :

« Seigneur, mon Dieu, qui êtes ma force et ma rédemption, je vous remercie de m'avoir appelé du sein des ténèbres à votre admirable lumière, lorsque, enfant de colère, habitant une terre d'oubli, dans la région de l'ombre de la

1. Rom., xi, 33.

mort, vous m'avez fait jouir des tendres effets de votre miséricorde....

« Soyez loué : oui, soyez loué, Vous qui donnez à pleines mains tous les biens et Vous-même ; Vous qui avez été pour moi un consolateur dans vos admirables sacrements. L'Esprit-Saint m'affirme que je suis devenu votre enfant et que je vous suis uni pour l'éternité. Que le jour où un hôte si magnifique a pris possession de mon âme soit béni ! Qu'elle soit bénie l'heure sainte où ma volonté s'est donnée pleinement aux célestes aspirations ! O jour heureux où je quittai l'Égypte, les horreurs du monde ! Mon Noël est le jour où je suis né de nouveau en mon Dieu ; ma Pâque, celle où j'ai eu l'ineffable joie de recevoir mon Dieu ; ma Pentecôte, le jour où j'ai reçu la consécration sacerdotale... »

« O mon Dieu, si en ces jours les anges se sont réjouis et ont chanté des cantiques à votre gloire, comment mes lèvres pourraient-elles rester muettes ? ma langue dans le silence ? Comment ma bouche n'éclaterait-elle pas en hymnes de louanges ? Tout ce que les prophètes ont chanté à votre gloire sur la venue de mon Rédempteur, je vous le chanterai toujours, ô mon Dieu ! Et que cette louange ne cesse jamais (1) ! »

Ces sentiments si purs et si ardents de l'amour divin valurent au jeune prêtre de nouvelles grâces pour gravir les degrés de la perfection et

1. *Exercitia seraphicæ devotionis*, p. 37 et sqq.

voler de cime en cime aux plus hauts sommets du sacrifice.

Le Père Provincial, pleinement rassuré, cette fois, sur la sincérité et la constance du gentilhomme, l'admit au noviciat.

Le 30 septembre 1612, les habitués du couvent des Capucins de Fribourg-en-Brisgau aperçurent le jeune prêtre, au visage illuminé d'une sainte allégresse, suivre le chemin du couvent où il allait se donner à Dieu par une oblation encore plus généreuse. On s'en étonnait, les uns souriaient de pitié, les autres le contemplaient dans une muette admiration.

Marc Rey n'avait nul souci des opinions de ses compatriotes; le cœur perdu en Dieu, il quitta joyeusement sa famille et ses amis, et alla prendre possession de la petite cellule où son âme devait s'ouvrir à la science des saints sous la direction du P. Ange de Milan. Jamais le Maître des novices n'avait eu disciple plus docile et à la fois plus instruit. Docteur en droit canonique et en droit civil, Marc semblait l'être aussi en ascétisme. Dès le lendemain de son entrée au noviciat, il en donna des preuves en rédigeant une règle pour former les âmes à la vertu et fortifier leur volonté. Ce sont de brèves considérations et des prières brûlantes qui forment un petit livre intitulé : *Exercices de piété séraphique*, et que les doctes appellent un *joyau* de la littérature religieuse (1).

1. *Exercitia seraphicæ devotionis*. — Ce petit livre a été imprimé pour la première fois en 1753 par les soins de l'Uni-

Avec quelle sainteté de dispositions Marc Rey commença son noviciat, le lecteur peut le comprendre. Esprit ferme, éloigné de toute illusion, marchant droit au but, c'est-à-dire aux vertus religieuses qu'il veut pratiquer dans toute leur étendue, il ne pouvait ni reculer ni hésiter. La voie de la perfection s'ouvrait devant lui, il se hâta d'y voler.

En jetant un regard sur les *Exercices séraphiques* commencés le 1er octobre 1612 — le lendemain de son entrée au noviciat — nous restons frappés de l'entête à l'aspect singulier. « Par l'*inspiration* de la très sainte et très adorable Trinité, dans l'année de grâce 1612, le premier jour d'octobre. » Vient ensuite un texte apocalyptique, le résumé de la vie du Saint : « Sois fidèle jusqu'à la mort et je te donnerai la couronne de la vie éternelle. » Les auteurs s'accordent à dire que ce texte a bien été écrit par le Saint lui-même le 1er octobre, durant sa retraite préparatoire à la vêture religieuse. Dieu lui aurait-il déjà révélé la grâce qu'il lui réservait pour la fin de sa vie, celle de la mort sanglante? On ne peut se défendre de le croire,

versité de Fribourg-en-Brisgau, qui en confia la charge au P. Maximilien de Wangen. En 1756, une nouvelle édition en fut faite à Rome. En 1757, il a été traduit en français et édité par le P. Matthias d'Aoste, capucin de la Province de Savoie. Une nouvelle édition latine en a été faite en 1893 à Stuttgard (Allemagne), chez J. Roth, imprimeur, par le P. de Zell, capucin. Benoît XIV a accordé, le 23 décembre 1755, soixante jours d'indulgences à tous les religieux Capucins qui, pendant un quart d'heure, prieront en se servant des formules renfermées dans ces *Exercices*.

en lisant les premières lignes de ces Exercices.

Le 4 octobre 1612, en la fête de saint François d'Assise, Marc célébra sa première messe. Suivant le témoignage d'un spectateur (1), une foule compacte remplissait l'église des Capucins. Prêtres et laïques de toute condition voulaient prendre part aux grâces qu'attirerait ce premier sacrifice et être témoins de l'héroïsme qu'allait accomplir le gentilhomme devenu prêtre.

Après la sainte messe, il déposa les ornements sacerdotaux et se prosterna devant l'autel pour recevoir l'humble habit de franciscain. En le revêtant des livrées séraphiques, le P. Ange lui donna le nom de Fidèle et prononça ces paroles : « Et vous, soyez fidèle jusqu'à la mort, et vous recevrez la couronne de la vie éternelle. » Le P. Raphaël de Markdorf ajouta une nouvelle splendeur à cette fête par un brillant discours sur les vanités du monde.

C'est ainsi que le jeune avocat devint un humble Capucin, le P. Fidèle de Sigmaringen, comme nous le nommerons désormais.

Au début, le fervent novice jouissait d'une paix ineffable, fruit de sa docilité à suivre l'appel de Dieu, selon la promesse du bon Sauveur : « Prenez mon joug sur vous... et votre âme trouvera le repos ; car mon joug est doux et mon fardeau est léger (2). »

Ses compagnons ne cessaient de contempler

1. P. Simplicien. Procès de béatification de Coire.
2. Matth., XI, 29 et 30.

avec une admiration toujours croissante son ardeur pour les austérités et son humilité religieuse. En tout il recherchait les travaux les plus vils, comme de balayer et de prêter son concours à la cuisine (1).

La mortification marchait de pair avec l'humilité : châtier son corps sans pitié, s'imposer de nombreuses privations dans la nourriture et la boisson, étaient ses pratiques de chaque jour.

Au chœur il s'appliquait à prononcer les paroles d'une manière nette, claire et très attentive. L'office canonique et celui de la sainte Vierge ne suffisaient pas à sa piété; chaque jour il récitait encore le saint Rosaire et une foule d'autres prières.

Une parole quelque peu déplacée n'est jamais tombée de ses lèvres.

Son obéissance était celle d'un religieux parfait. Jamais il n'a résisté à ses Supérieurs, même dans les actes qui paraissaient impossibles. Ainsi, en 1613, un peintre de renom se présenta au Père Gardien et lui demanda quelques traits de la vie de saint François d'Assise pour les reproduire sur la toile. Le Père Gardien ordonna au P. Fidèle de satisfaire le désir de l'artiste. Comment faire ? il n'avait pas encore lu la vie du séraphique Patriarche. Sans discuter cet ordre qu'il regardait comme la

1. *Ego simul cum P. Fideli extiti in novitiatu, in quo adeo se humilem exhibuit ac fervidum, ut mihi stupori fuerit.* (P. Michel-Ange de Fribourg. Procès de Constance.)

volonté de Dieu, il se mit à raconter la vie du saint Fondateur et en fit une description magnifique.

Rien d'étonnant dans cette obéissance héroïque soulignée par un prodige.

« O divin Jésus, avait-il écrit aux premiers jours de son noviciat, à la vue de si grands exemples d'obéissance que vous m'avez donnés, je suis prêt à endurer, pour vous obéir, toutes sortes d'adversités : les malheurs, les maladies, les humiliations et les outrages quels qu'ils soient. Je dis plus : la mort même, si vous l'ordonnez, et la mort la plus ignominieuse. Sans craindre les paroles et les jugements d'autrui, je resterai ferme dans ma résolution, et je ne ferai rien qui soit contre votre volonté (1). »

La pratique du sacrifice et du renoncement lui devint si familière que les vétérans de la vie religieuse en étaient dans l'admiration. Pour tous il était un modèle, mais surtout pour les novices (2). Sa haute perfection exerçait sur ces derniers une influence salutaire. Plusieurs d'entre eux ont affirmé que, après Dieu, c'était au P. Fidèle qu'ils devaient la persévérance dans leur sainte vocation.

Avec une douceur pleine d'humilité, il encourageait les faibles et relevait le courage de

1. *Exercitia seraphicæ devotionis*, 32.

2. *Adeo excelluisse perfectumque extitisse, ut ipsum non solum novitii demirati sint, sed et professi obstupuerint.* (Rupert de Fulginstatt. Procès de Constance.)

ceux que torturait la tentation de retourner aux vanités du monde.

A voir ce modèle accompli de la vertu, l'on aurait cru que la paix de son âme ne pourrait être ébranlée. Il n'en fut rien. Comme les amis privilégiés de Dieu, il devait être jeté dans le creuset de l'épreuve et comprendre que la sérénité parfaite n'a de place qu'au ciel.

Quelques mois après son entrée au noviciat, une violente tempête assaillit son âme. Selon ses anciens biographes, le démon lui suggérait que c'était mal d'ensevelir dans le cloître des talents si prodigieux et une connaissance si extraordinaire du droit. A ses oreilles paraissaient retentir les supplications des pauvres, des veuves, des orphelins, dont il était le protecteur et le père : « Ils n'ont plus personne ! » criait la voix du tentateur. « Retourne les protéger : Dieu le veut. »

Durant de longues semaines son cœur fut envahi par une sombre tristesse. Il avait beau prier, le Ciel restait d'airain. Aucun rayon d'en haut n'arrivait à son intelligence devenue comme un chaos. « Suis-je dans ma vocation ? » s'écriait-il en affligeant son corps de macérations sanglantes. « Ne suis-je pas la malheureuse victime d'une illusion ? »

Dieu mit enfin un terme à cette épreuve, en lui disant par l'organe du Maître des novices : « Courage, mon enfant; cette tempête est suscitée par l'enfer. Jaloux de votre bonheur, le démon veut vous faire abandonner la voie royale du ciel. Priez avec confiance Marie, l'étoile du matin, et vous serez délivré. »

Docile à cette voix, le novice recouvra la paix, et dès lors son ardeur et sa joie ne firent que s'accroître chaque jour. « O bonheur à nul autre incomparable, s'écriait-il, que celui d'être tout à Dieu, et de vivre avec la seule pensée de plaire à cet Être infiniment bon ! »

Ce bonheur, il allait le conquérir d'une manière irrévocable par la profession religieuse.

CHAPITRE VI

L'ENROLEMENT SACRÉ

> *Immola Deo sacrificium laudis : et redde Altissimo vota tua.* (Ps. 49, v. 14.)
>
> « Offre la louange et l'amour de ton cœur ; rends au Très-Haut tes vœux, garde son alliance ! »

Fin du noviciat. — Testament. — Profession. — Chant d'un séraphin. — Étude de la théologie. — Un phénomène de science sacrée.

Les épreuves du noviciat touchaient à leur fin, et bientôt allait se lever le jour où le Saint pourrait s'unir plus étroitement au divin Crucifié par les vœux solennels.

En vertu de la Règle de saint François, les novices, avant leur profession ou enrôlement définitif par l'émission des vœux, doivent disposer définitivement de tous leurs biens temporels.

Ceux de saint Fidèle étaient considérables. Il s'en dépouilla par un testament qui résume toute sa piété et son amour envers Jésus-Christ. Nous ne pouvons nous dispenser d'en citer les parties principales (1). « Au nom de la très sainte et indivisible Trinité, Dieu le Père, Dieu le Fils, Dieu le Saint-Esprit ; à la gloire éter-

1. La pièce originale est actuellement au musée de la famille des princes de Hohenzollern.

nelle de l'Immaculée Mère de Dieu, la bienheureuse Vierge Marie, et de notre séraphique Père saint François. Ainsi soit-il.

« Ayant eu par une singulière inspiration du Père des lumières le bonheur de découvrir le champ de l'Évangile, et après l'avoir connu, par une mûre et sérieuse délibération, très apte pour servir mon Dieu ; comme l'Évangile et ma Règle m'ordonnent de vendre tous mes biens et de les distribuer aux pauvres, j'ai résolu, conclu et arrêté de donner aux pauvres ce que je possède et de me consacrer par une profession solennelle, éternelle, irrévocable, à Jésus-Christ qui est le vrai trésor, la voie assurée, la vérité infaillible et la vie éternelle. Et afin d'imiter parfaitement mon Sauveur qui, pour nous racheter et nous montrer la voie du salut, a bien voulu descendre du haut des cieux en cette vallée de misères, où il a passé sa vie dans une disette extrême, dans les souffrances, les persécutions et la soumission jusqu'à la cruelle mort de la croix ; je me propose, avec l'aide du Seigneur, de vivre constamment dans une pareille extrême pauvreté, chasteté et obéissance, dans les souffrances et les persécutions, dans une austère pénitence, une profonde humilité, un sincère amour, tout le reste de ma vie.

« Enfin, pour me conformer à cette parfaite résignation et charité, par lesquelles Jésus-Christ, notre Rédempteur, suant le sang et l'eau dans le jardin des Oliviers, et enfin mourant sur la croix, s'est résigné, recommandé et offert à son

Père; de même j'offre et consacre, par cette mienne dernière volonté et disposition, mon corps et mon âme, comme un sacrifice vivant et éternel d'un cœur contrit, au service perpétuel de la divine Majesté et de la très sainte Vierge Immaculée et du séraphique Père saint François; et comme je suis sorti du sein maternel dénué de tout, de même, dépouillé de toutes les choses de la terre, je m'abandonne entre les bras de Jésus-Christ, mon Sauveur. »

Suivent ensuite les noms des héritiers-donataires.

Parmi les bonnes œuvres qu'il a accomplies, il faut mentionner le capital dont les revenus étaient destinés à l'éducation d'étudiants pauvres voués à l'état ecclésiastique. Cette fondation existe encore à Sigmaringen sous le nom de *Roy Stipendium* (1). Après l'exposé de ces sentiments, nul ne sera surpris, si, selon le rapport de témoins oculaires, saint Fidèle prononça les saints vœux avec une merveilleuse dévotion entre les mains de son Gardien de Fribourg, le P. Matthias de Reichenau. C'était le 4 octobre 1613.

Fidèle avait trente-cinq ans. Accomplis étaient ses désirs: rester uni au Seigneur par un double lien, celui du sacerdoce et des vœux perpétuels. Son cœur avait maintes fois bondi à l'espoir de

1. Bien qu'elle ait traversé diverses péripéties, cette fondation était encore évaluée en 1863 à 7.600 florins (18.620 fr.). Aujourd'hui les intérêts annuels montent à 640 marcs (800 fr.); et plusieurs étudiants en sont les heureux bénéficiaires.

cette captivité mystique. « O le bien-aimé de mon cœur, avait-il écrit, quand donc éloigneras-tu les obstacles qui m'empêchent de m'unir à toi ? Écoute-moi, toi, les délices de mon âme, non à cause de mes mérites, mais en vertu de ton infinie bonté ? O beauté infinie ! trop tard je t'ai connue, trop tard je t'ai aimée, toi Beauté ancienne et toujours nouvelle ! Oh ! comme j'étais malheureux ! Je vivais sans t'aimer ! Je ne t'avais pas reconnu ! Tu étais en moi et je te cherchais en dehors de moi-même. Enfin, je t'ai trouvée !

« Ah ! mon Dieu, je prie et j'implore ta clémence, ne me laisse pas plus longtemps séparé de toi, et accorde-moi de ne jamais t'abandonner. Donne-moi, ô Seigneur, l'œil simple de la tourterelle, des yeux chastes, humbles et pleins d'amabilité ; des yeux sages, pleins de larmes ; des yeux qui lisent ta volonté et l'accomplissent. Avec ces yeux je te verrai, et toi, tu me regarderas d'un regard semblable à celui que tu jetas sur Pierre, lorsqu'après t'avoir trahi, il n'osait te regarder ; à celui par lequel tu as converti Marie-Madeleine qui reçut le bonheur de se jeter à tes pieds pour les arroser de ses larmes et les essuyer de ses cheveux (1)... »

Les élans de ce séraphin du cloître venaient d'être réalisés : dans ces expressions de feu, nous lisons le bonheur dont il fut inondé au jour de sa profession : c'était un avant-goût du

1. *Exercitia ser. dev.*, 27 et sqq.

ciel, royaume de l'union de l'âme avec son Dieu.

Après sa profession, l'ancien jurisconsulte dut s'asseoir de nouveau sur les bancs de l'école pour achever son cours de théologie. Il s'y adonna avec une telle ardeur que ses progrès furent rapides et voisins du prodige. Bientôt il pénétra dans ses plus intimes secrets cette science théologique la plus élevée et la reine de toutes les autres.

Ces succès étaient dus en partie à l'excellence du professeur, le P. Jean-Baptiste.

Ce maître était le fils d'un chancelier du roi de Pologne. Jeune encore il visita l'Allemagne et l'Italie en compagnie de son prince. A Milan, il noua connaissance avec l'archevêque saint Charles Borromée. Un jour, après avoir reçu de la main du Saint l'hostie consacrée, il sentit en lui-même un vif désir de s'enrôler dans l'Ordre de Saint-François : ce qu'il exécuta peu après sur le conseil du saint archevêque (1). Pendant quatre ans, il fut le professeur et le confesseur de saint Fidèle. Voici le témoignage qu'il rendit sur son auguste élève :

« Le P. Fidèle possédait un jugement si mûr et une intelligence si brillante qu'il distançait de loin ses condisciples. Je ne l'ai jamais surpris en erreur théologique.

« D'une humeur toujours joyeuse et sereine, il laissait pressentir que son âme, dénuée de tout scrupule, possédait une rare innocence.

1. Il mourut en renom de sainteté.

J'ose dire que, loin d'avoir commis des péchés mortels, il n'avait à se reprocher que des fautes vénielles très légères.

« Son cœur brûlait d'amour pour Dieu et le prochain. Toutes ses paroles et ses actions étaient accompagnées d'une extrême prudence et d'une modestie toujours égale; toute exubérance de rire ou de langage lui était étrangère.

« Son courage et sa mortification ne se démentaient jamais; aussi triompha-t-il sans peine de toutes les difficultés de la vie religieuse. Pardessus tout l'obéissance et la pauvreté faisaient ses délices.

« Il se dégageait de toute sa personne une telle plénitude d'amour, de douceur, d'affabilité et de sainteté, que les laïques eux-mêmes, qui avaient conversé une fois avec lui, soupiraient ardemment après un second entretien.

« Envers ses confrères malades, il était d'un dévouement admirable.

« Bref, j'affirme que le P. Fidèle était un modèle de vertu. A mon avis, il était de beaucoup supérieur aux autres religieux (1). »

Ainsi parle un de ceux qui ont pu mieux le connaître. Voyons-le à l'œuvre au milieu des populations qu'il doit évangéliser.

1. Procès de Constance.

CHAPITRE VII

LE PRÉDICATEUR

Annuntiavi justitiam tuam in Ecclesia magna, ecce labia mea non prohibebo: Domine, tu scisti. (Ps. 39, 10.)

Seigneur, j'ai fait connaître aux peuples de la terre votre justice et tout votre dessein : Vous le savez, Seigneur, je ne veux pas me taire... (Abbé J. LOMBARD, *le Livre des Psaumes*.)

Merveilleuses aptitudes.—Genre oratoire.—Extrait d'un discours. — Première persécution.

« La formation religieuse émonde, purifie, élève jusqu'à ce que l'homme, enfin surnaturalisé, devienne le messager angélique qui, rapide et joyeux, porte en tous lieux les ordres du Seigneur (1). »

Tel était le P. Fidèle à la fin de son cours de théologie. Excellent avocat autrefois, il apprit dans la solitude à devenir un excellent prédicateur. Aussi ses Supérieurs furent-ils heureux de lui confier le ministère de la confession et de la prédication.

Nous allons le présenter à nos lecteurs.

Au rapport de ses contemporains, saint Fidèle était de haute taille. Sa tête plutôt arrondie qu'ovale se distinguait par un front haut et

1. E. FLORNOY, *Le bienheureux Bernardin de Feltre.*

large. La barbe, de longueur moyenne, et les cheveux étaient d'un brun rougeâtre; le type du visage dénotait celui de l'allemand mêlé de flamand. De son regard, quoique très vif, rayonnait une douceur naturelle qui captivait l'auditeur et laissait dans l'âme une inaltérable impression. Sa voix était vibrante.

... Ces avantages extérieurs étaient éclipsés par de merveilleuses aptitudes morales et intellectuelles. A la prudence, au savoir, à une parfaite connaissance des hommes, il joignait une notion très élevée de la dignité de prédicateur et s'efforçait de s'y conformer.

Plein de défiance de lui-même, il implorait avec ardeur le secours d'en haut avant de prêcher. Un témoin oculaire, le Fr. Meinrad, a assuré qu'avant de monter en chaire, il restait pendant une heure prosterné devant le saint tabernacle (1).

Chaque jour il purifiait son âme par le sacrement de pénitence (2).

Il va sans dire que ces pratiques n'étaient pas la seule préparation de ses discours. Dans ceux qui nous ont été conservés, les pensées profondes, les nombreuses citations de l'Écriture sainte et des saints Pères, l'harmonie des idées et la manière habile de les présenter, nous prouvent

1. Procès de Constance.

2. Le P. Bénigne a fait cette déposition au procès de Coire: *Anno uno, quo Uraniæ* (Altdorf) *eidem convixi, animadverti, quod singulis diebus confitebatur, nam cella ipsius mea contigua fuit.*

suffisamment que le Saint apportait un grand soin à les composer.

Avant d'enseigner, il pratiquait lui-même les conseils qu'il donnait. Aussi peut-on dire de lui qu'il était comme un flambeau qui produisait tout à la fois la lumière et la chaleur.

Au sujet de son talent et de ses succès oratoires, laissons la parole à ses contemporains.

« C'est une chose connue et acquise à l'expérience, a dit le magistrat de Feldkirch (en 1626), que jamais, de mémoire d'homme, notre ville n'a vu prédicateur de si grande renommée. »

Un habitant de la même ville, Bertold Krell, auditeur assidu de saint Fidèle, s'exprime ainsi : « Il expliquait avec tant de prudence et de facilité les passages les plus difficiles de l'Écriture sainte, que les savants aussi bien que les illettrés en étaient satisfaits. Souvent j'étais étonné du zèle et de l'esprit qui animaient ses paroles. Si l'Esprit n'accompagne la science, me dit-il un jour, tout travail est inutile (1). Ses discours étaient toujours arrangés de manière à porter les âmes à l'amour du bien (2). »

« Le P. Fidèle, a dit à son tour le Fr. Synésius, avait un talent oratoire si éminent, et possédait à un si haut degré les dons de la grâce, que tous ses auditeurs étaient séduits. On l'écoutait si volontiers et on savourait ses paroles avec tant de plaisir, que maintes fois j'ai entendu

1. *Nisi Spiritus doctrinam comitetur, in vanum laboratur.*

2. Procès de Coire.

souhaiter qu'il prêchât plus souvent et plus longuement (1). »

La tactique qu'il employait dans ses prédications était habile. Il commençait par captiver la bienveillance de l'auditoire, puis il flagellait les péchés et les vices d'une manière forte, pressante, et sans considération de personnes. Il était l'ennemi juré de l'orgueil, du luxe, du blasphème et de toute impureté; il stigmatisait publiquement cette dernière du nom de vice de la brute.

Un jour, expliquant la résurrection de Lazare et les larmes dont Jésus avait arrosé la tombe de son ami, il affirma que le Sauveur, en cette circonstance, pensait à la laideur et à la corruption du cadavre spirituel, c'est-à-dire de l'âme en état de péché mortel. « Jésus pleurait, ajoutait-il... et nous, pécheurs, nous restons tranquilles, satisfaits, comme si nous n'avions rien fait de mal. Nous avons péché; que faire maintenant? Ne pleurerons-nous pas?... Pauvre pécheur, qu'est-ce que le Christ voit donc en toi qui l'afflige et le fait pleurer? C'est ton âme morte, et c'est sur elle qu'il se désole et qu'il pleure. Il te demande : Où l'as-tu mise (2)? Est-ce dans les richesses? Sors de ce tombeau. N'y place point ton cœur; car il est plus difficile a un riche d'entrer au ciel qu'à un chameau de passer par le trou d'une aiguille. Où l'as-tu mise? Dans l'usure? dans les intérêts? Sors du

1. Procès de Coire.
2. *Ubi posuistis eum?* (Joan., XI, 34.)

tombeau; car à quoi te servirait de gagner le monde entier, s'il arrive malheur à ton âme. Où l'as-tu mise? Peut-être dans les passions empoisonnées de la chair? Puisqu'il est impossible aux impudiques et aux adultères de posséder le royaume de Dieu, sors du tombeau avant que tu te sois fait de tes péchés une triste habitude, avant que tu commences à sentir mauvais par les exemples pervers, avant que tes pieds et tes mains ne soient liés par la difficulté de faire le bien, avant que ton visage ne soit marqué des traits de l'impudicité; convertis-toi;... sors du tombeau; ne tarde pas à quitter le péché. Quoique tu sois un Lazare mort depuis quatre jours, le Christ t'appelle : *Lazare, veni foras :* lève-toi et sors (1)! »

Souvent il parlait de l'aveuglement spirituel des pécheurs, qui ne voient pas l'abîme où ils se précipitent; de l'endurcissement du cœur, qui, par une longue habitude de pécher, les rend à la fin insensibles à tout, quoique plongés dans le libertinage le plus affreux.

Mais les sujets les plus ordinaires de ses sermons étaient les quatre fins de l'homme : la mort, le jugement, le paradis, l'enfer. Souvent il s'écriait: « Faites pénitence! faites pénitence! »

Cette éloquence paraîtra peut-être singulière, ou même inférieure, chez plusieurs esprits modernes. Fidèle en avait appris le thème du Saint-

1. Extrait du sermon pour le vendredi après le quatrième dimanche du Carême. Le texte original est conservé aux archives princières de Sigmaringen.

Esprit : En toutes tes œuvres, souviens-toi de tes fins dernières, et tu ne pécheras jamais. (Eccli., VII, 40.) Il avait entendu son séraphique saint François ordonner aux prédicateurs dans sa Règle d'annoncer les vices et les vertus, la peine et la gloire, en peu de paroles et simplement.

Quant aux fruits, cette éloquence apostolique obtint un si grand succès que l'on vit bientôt les populations accourir en foule à ses pieds, charmées et comme divinement enchantées par le feu céleste qui brillait dans toute sa personne. Un de ses auditeurs habituels disait : « Celui qui, à la parole du P. Fidèle, n'a pas versé des larmes de repentir, doit être un pécheur opiniâtre et endurci (1). »

Telles sont les merveilles qu'il accomplit, soit par la prédication, soit par la confession, partout où l'obéissance l'envoya exercer le saint ministère, notamment dans le canton d'Uri (Suisse), dans le Voralberg autrichien, en Alsace (dans le couvent des Trois-Rois qui était situé entre les villes de Kaisersberg, d'Arenssheim et Künzheim).

Le démon ne pouvait rester insensible à ces conquêtes d'âmes qu'on lui arrachait. Pour Fidèle devait nécessairement se vérifier la prédiction du Sauveur aux prédicateurs de l'Évangile : « Ils m'ont persécuté, ils vous persécuteront aussi (2). »

1. André de Michelis. Procès de Milan.
2. Joan., XV, 20.

Sa parole se révélait, non pas seulement entraînante, mais combattive et redoutable, comme le glaive qui frappe l'ennemi ou protège le faible. Plusieurs personnes ne pouvaient s'en accommoder : elles ne supportaient qu'avec un extrême déplaisir la vérité qui sortait intacte, terrible, de la bouche du Saint. Elles ne lui ménageaient ni les reproches, ni les injures. A Altdorf, un monsieur de la haute société alla le voir après un de ses sermons et lui dit : « Mon Père, si vous désirez manger ici de bonnes soupes, vous devez prêcher d'une autre manière. » A quoi saint Fidèle répondit : « Que m'importent vos soupes ? Sachez que je ne prêche pas pour avoir vos soupes, mais je dis ce que me prescrit ma conscience. »

A côté des mécontents, un grand nombre de pécheurs, ramenés à Dieu par le Père, proclamaient hautement, avec leur bonheur, l'éloquence et la sainteté du missionnaire.

Ce talent oratoire demandait à s'exercer sur un théâtre plus vaste et plus difficile. La Providence allait y pourvoir.

Avant de suivre notre Saint sur d'autres champs de bataille, examinons de plus près ses sentiments religieux ; délectons-nous au parfum des vertus pratiquées à l'intérieur et à l'extérieur du couvent. De plus en plus digne de son nom, il va enchâsser de nouveaux diamants dans sa couronne céleste : *tibi dabo coronam vitæ.*

CHAPITRE VIII

CONSTELLATION DE VERTUS

Ibunt de virtute in virtutem. (Ps. 83, 8.)
Les justes marcheront de vertus en vertus.

Le vrai Supérieur. — Pauvreté. — Humilité. — Chasteté. — Mortification. — Pureté d'âme. — Esprit de prière.

Un article des Constitutions franciscaines défend d'élever à la supériorité un religieux qui n'a pas un certain nombre d'années écoulées en religion. Homme extraordinaire, saint Fidèle bénéficia d'une exception à cette règle. Le Chapitre provincial tenu à Lucerne le 14 septembre 1618, et dont il faisait partie comme délégué de sa communauté, l'investit du titre de Gardien du couvent de Rheinfeld, près de Bâle. Des circonstances impérieuses ne lui permirent pas d'y rester plus d'une année. Après un court séjour à Feldkirch (1), il vint à l'automne à Fribourg, en Suisse, où il remplit la fonction de Gardien jusqu'à l'été de 1621 (2); de là, il re-

1. Ville d'Autriche dans le Tyrol, qui possède le crâne et le bras gauche du Saint.

2. Le couvent de Fribourg (Suisse) fut érigé par un bref de Paul V, en date du 8 janvier 1610. (*Bullarium ordinis*, tom. IV, p. 33.)

Déjà en 1609, la ville de Fribourg réclamait des Capucins

tourna à Feldkirch, comme Gardien, et occupa ce poste jusqu'à son martyre.

Tous les contemporains qui ont parlé de lui sont unanimes à louer son talent d'administration dont se trouvaient satisfaits et religieux et séculiers. Rien d'étonnant : une céleste douceur semblait lui servir de manteau ; pour tous, et surtout pour les malades, il était plein d'affabilité et de tendresse.

Toutefois, cette douceur, si grande qu'elle fût, ne dégénéra jamais en mollesse. Il était indulgent et non pusillanime. S'il eut de la tolérance autant que la prudence le permet ou que la charité le demande, on ne voyait rien de cette complaisance timide qui n'ose s'opposer au relâchement de la discipline régulière. Toujours soigneux de maintenir le bien et de conserver inviolables les anciens usages, il sut, au besoin, déployer la fermeté nécessaire à la répression des abus par une paternelle sévérité.

Le lecteur nous saura gré, maintenant, d'exposer quelques faits rapportés par les contemporains du Saint et relatifs à ses vertus.

Chaque jour Fidèle remerciait Dieu de l'avoir

pour combattre les Bernois rangés sous la bannière de Zwingly. Les premiers arrivés furent des missionnaires de la Province de Savoie ; ils plantèrent la croix dans cette ville le 14 septembre 1609, en présence du Rme P. Paul de Césène, commissaire général.

Le 5 juillet 1611, le magistrat de Fribourg, en vrai patriote, décréta que le couvent serait occupé par des Suisses et non par des Savoyards. Force fut à ces derniers de quitter leur demeure sur-le-champ et de rentrer dans leur patrie. (*Chronica Provinciæ Helveticæ*, p. 60.)

appelé à la vie religieuse ; il craignait sans cesse de ne pas le remercier assez (1). Quand il parlait du bonheur de cet état religieux, c'était avec une onction qui enflammait les auditeurs du désir de se retirer dans le cloître. « Je n'ai qu'un seul regret, disait-il souvent, c'est celui d'être entré trop tard dans l'Ordre (2). »

Un jour, parlant avec son ami le patricien Jean-Bernard Kredder, des différentes vocations, il dit : « Si j'avais trouvé un Ordre plus austère, où j'aurais pu servir Dieu plus parfaitement et travailler avec plus de fruit au salut des âmes, je l'aurais certainement embrassé. »

S'il aimait et estimait la vie religieuse à sa juste valeur, il savait aussi en pratiquer les vertus.

La principale vertu d'un disciple de saint François d'Assise, c'est l'amour de la pauvreté. « Qu'elle soit votre partage et qu'elle vous conduise à la terre des vivants ! a dit saint François dans sa Règle ; et, ajouta-t-il, ne désirez rien autre chose en ce monde par amour pour Notre-Seigneur Jésus-Christ. » La vie entière du Saint répond à ce précepte.

Durant sa supériorité, il excluait du couvent toute provision superflue et lui-même se refusait parfois le nécessaire.

Un religieux rapporte que lui ayant demandé une plume, il réclama l'ancienne qui était usée,

1. Benoît XIV. Bulle de canonisation : *Vinea electa*.
2. Procès de Constance.

dans l'espoir de pouvoir la tailler de nouveau et de s'en servir pour lui-même (1).

Cependant il veillait avec un grand soin à ce que rien ne manquât à ses confrères, principalement aux malades. « Enfin, a témoigné le Fr. Meinrad, j'ai vécu dans plusieurs couvents et sous la houlette de plusieurs Gardiens; je n'en ai connu aucun qui ait aimé et pratiqué la pauvreté évangélique avec une aussi grande perfection (2). »

De la sainte pauvreté naît naturellement, comme la tige de la racine, la véritable humilité. Saint Fidèle le prouva en atteignant la perfection de cette dernière vertu. Lui, le célèbre avocat d'autrefois, le docteur en philosophie et dans les deux droits, le conseiller des princes, vivait au milieu de ses confrères comme le dernier d'entre eux. Il n'avait de lui-même que de bas sentiments, se regardant comme le moins capable de conduire le troupeau qu'on lui avait confié. Chaque jour, à la sainte messe, il sollicitait cette vertu. « Je vous supplie, ô mon Dieu, de m'accorder la plus excellente des vertus, qui est l'humilité, afin que par elle je devienne un véritable disciple de Jésus-Christ, votre cher Fils, et que je me reconnaisse (comme je le suis en réalité) pour le plus vil de tous les hommes, et que je méprise tous les honneurs de ce monde (3). »

1. Le P. Moyse. Procès de Constance.
2. *Id.*, 183.
3. *Exercitia ser. dev.*, 66.

Dans l'intimité de la conversation, il dit un jour : « Si mon Supérieur me commandait ce que l'on commande au plus petit et au plus simple des novices, je lui obéirais avec exactitude, et j'en serais d'autant plus heureux que j'en retirerais des mérites plus abondants. »

Il ne dédaignait pas de s'abaisser souvent aux travaux les plus vils, comme cultiver le jardin, laver la vaisselle.

Quant à sa chasteté, elle est restée intacte : c'est l'avis unanime de tous ceux qui l'ont connu. « Je n'ai pas remarqué la plus légère faute contre la pureté de son cœur », a écrit son Provincial, le P. Matthias de Reichenau.

Un de ses amis, M. Kleckler de Feldegg, patricien de Feldkirch, a tenu le même langage : « Je n'ai pas même le soupçon que le P. Fidèle ait commis quelle faute que ce soit contre l'angélique pureté. Il était d'une pudeur si grande qu'il ne pouvait s'empêcher de rougir quand il était obligé de passer à côté d'une femme et surtout de lui parler (1). »

« La pureté, dit l'Esprit-Saint, est un lis qui, pour grandir et développer sa corolle, a besoin d'être entouré d'épines (2). » Ces épines tutélaires étaient, chez saint Fidèle, les pratiques d'une héroïque mortification : « O Jésus, disait-il souvent, vous qui aimez et récompensez la vie austère et pénible, accordez-moi la grâce de fuir et de haïr les divertissements, les plaisirs,

1. Procès de Coire.
2. Cant., II, 2.

les consolations qui ne sont pas utiles à mon avancement spirituel, ni à la santé du corps. Si on me les procure, faites que je ne les supporte qu'avec ennui et dégoût. Accordez-moi d'aimer et de pratiquer les austérités qui consistent à endurer la faim, la soif, le froid, la chaleur, les fatigues, les afflictions et toutes les incommodités de la vie.

« Faites, ô Jésus crucifié, que je pratique fidèlement les austérités que nous impose notre Règle : le jeûne, l'abstinence, la grossièreté des vêtements, la dureté de la couche, les veilles, le silence, les corrections et les autres mortifications qui sont en usage dans l'Ordre (1)... »

Dieu l'exauça d'une manière visible en lui départant dans une large mesure le don de pénitence. Briser son amour-propre par une humilité extraordinaire, anéantir la volonté par une obéissance absolue, n'étaient pas encore des moyens suffisants : Fidèle travaillait sans relâche à châtier et à dompter son corps.

Il jeûnait durant les sept carêmes que saint François d'Assise observait avec tant de rigueur; de sorte que, pour dire vrai, il jeûnait presque toute l'année. Le vendredi, il ne prenait qu'un seul mets. Depuis l'Assomption de la sainte Vierge jusqu'au 29 septembre, fête de saint Michel, archange, il se contentait d'un seul repas, et le plus souvent d'un seul mets (2). Durant tout le carême, il ne mangeait rien le

1. *Exercitia ser. dev.*, 19.
2. Benoît XIV. Bulle de canonisation.

soir. La veille des fêtes de Marie, des Apôtres et de saint François, il ne prenait que du pain et de l'eau.

Ces mortifications dans la privation de nourriture étaient d'autant plus méritoires que, dans les localités où il séjourna, en Suisse et en Autriche, la rigueur de la température réclame pour le corps une nourriture plus abondante que dans les régions mieux favorisées du soleil.

A cette sobriété il joignait d'autres mortifications très rigoureuses. Deux ans avant sa mort, raconte le Fr. Synésius, je remarquai qu'il portait une ceinture de fer, armée de pointes, dont il se servait pour macérer son corps, le vendredi, le samedi, aux vigiles de la sainte Vierge et des saints de notre Ordre. De plus, le bon Père souffrait d'une hernie. Pour en arrêter le développement, il se contentait de mettre une plaque de fer sur la chair nue. Les flagellations sanglantes lui étaient habituelles (1). »

De toutes les mortifications, l'une des plus crucifiantes est à coup sûr la privation de sommeil. Chez notre Saint elle était quotidienne. Pendant que ses Frères prenaient leur repos, il restait de longues heures à genoux devant l'autel du Saint Sacrement. A minuit, il était toujours le premier au chœur pour le chant des matines. Après l'office, il passait encore une partie de la nuit à travailler dans sa cellule ou à prier quelquefois jusqu'au matin (2).

1. Procès de Constance.
2. Benoît XIV. Bulle de canonisation.

Austère pour lui-même, il était d'une excessive bonté pour les autres, et surtout pour les malades. Bien qu'il eût établi des infirmiers spécialement chargés de subvenir à tous leurs besoins, il leur rendait lui-même ces devoirs de la plus tendre affection. Maintes fois, le matin, quand le Frère infirmier n'était pas encore arrivé, le bon Père était déjà au chevet des malades, les consolait, leur témoignait une paternelle compassion, les servait lui-même, pansait leurs plaies, choisissant toujours tout ce qu'il y a de plus désagréable et de plus rebutant dans l'accomplissement de ces devoirs.

Des vertus si héroïques ne peuvent rayonner que d'un cœur pur et brûlant d'amour pour Dieu.

Tel était celui de saint Fidèle. C'est en termes véhéments qu'il parle de la nécessité de la pureté de cœur chez le prêtre. Voici ce qu'il a écrit à ce sujet : « Le prêtre doit mener la vie la plus pure. » Ce fut pour en exprimer la nécessité que Jésus-Christ, avant de conférer la consécration sacerdotale à ses Apôtres, déclara qu'ils étaient tous purs (1). Et pourtant, comme si cette pureté n'était pas encore assez grande, il voulut en donner un signe plus certain en leur lavant les pieds. Craignons donc d'encourir la malédiction que le Seigneur a fulminée contre les prêtres de l'ancienne loi : « Celui qui n'est pas pur périra quand il paraîtra devant le Seigneur (2). »

1. Joan., XIII, 10.
2. Lévit., XXII, 3.

« Pour obtenir cette pureté avant de célébrer le saint sacrifice, ajoutait-il, accomplissons auparavant, suivant le conseil de Hugues de Saint-Victor (1), un sacrifice d'humilité, de repentir, de brisement de cœur et de mortification de la chair, et d'une grande ferveur (2). »

Pour donner à cette pureté de cœur tout l'éclat possible, le Saint se confessait tous les jours, quoique sa conscience ne fût entachée que de fautes légères. Dans les dernières années, il le faisait même deux fois chaque jour. La matière de sa confession était si minime, qu'un chrétien ordinaire n'en aurait point fait de cas. « Cependant, a dit un de ses compagnons, ces imperfections lui arrachaient des actes d'humilité et de contrition si grands qu'il est presque impossible de les décrire (3). »

Pour faire rayonner dans sa vie cette constellation de vertus, Fidèle, suivant le précepte de Jésus (4), priait sans cesse. Non content des nombreuses prières qui se font en commun, a écrit Benoît XIV, il en récitait encore beaucoup d'autres, et particulièrement l'office de la bienheureuse Vierge Marie et celui du patriarche saint François. C'était à tel point que le bon Fr. Meinrad, portier du couvent des Capucins de Feldkirck, craignant que son cher Gardien

1. *De claust. animæ.* Lib. 2.
2. *Exercitia ser. dev.*, 49.
3. *Ut vix dici nequeat.* — P. Jean de Kruwangen. Procès de Coire.
4. Luc, XVIII, 1.

ne compromît sa santé par la privation de sommeil, se donna un jour la liberté de lui faire la correction fraternelle. « Mon Père, lui dit-il naïvement, il faut modérer votre dévotion et songer à conserver vos forces (1). »

Un autre religieux ne craignait pas de dire que le Père Gardien priait plus qu'il ne fallait (2).

Sa prière, toujours ardente et filiale, quand elle se portait directement vers Dieu, revêtait un caractère d'ineffable tendresse quand il l'adressait à la sainte Vierge.

Nous allons le voir au chapitre suivant.

1. Procès de Coire.
2. Témoignage du P. Moyse au procès de Constance.

CHAPITRE IX

CULTE DE MARIE

Eia ergo, Advocata nostra !
Au secours, avocate de l'humilité.
(*Salve Regina.*)

Particularité de la dévotion du Saint à Marie. — Mortifications. — Prières. — Une méthode d'invoquer la sainte Vierge. — Dévotion au saint Rosaire. — La prière : « O mater pietatis... » — Deux grâces spéciales obtenues par Marie.

De tous les héros chrétiens que l'Église a inscrits dans ses dyptiques sacrés, il n'en est aucun qui ne se soit signalé par une tendre dévotion envers la bienheureuse Vierge Marie. On peut même affirmer que la grandeur de leur sainteté se mesure à la grandeur de cette dévotion.

Vérité très évidente : nul ne peut atteindre la perfection sans l'abondance des grâces; mais cette abondance est transmise par la Mère de Dieu, qui en est la céleste Dispensatrice.

Toutefois, chez saint Fidèle, cette dévotion a revêtu un caractère exceptionnel, à cause de la mission qu'il eut à remplir. Prédestiné pour combattre l'hérésie qui rejette le culte de Marie et nie son intercession, il reçut en partage des grâces proportionnées à la grandeur de cette œuvre. Voilà pourquoi, dès sa première jeunesse, il donna des preuves extraordinaires de sa piété envers la Mère de Dieu et cherchait à répandre son culte.

Durant le cours de ses études, et particulièrement à l'Université, aux vigiles des fêtes de la sainte Vierge, il jeûnait rigoureusement, se livrait à des macérations sanglantes; et le lendemain, il recevait la sainte Eucharistie.

Plus tard, chaque samedi, un peu de pain et d'eau formait sa nourriture.

Chaque jour il récitait le chapelet et le petit office de la Vierge. Jamais il n'omit ces pratiques durant six ans de voyage à travers l'Europe, comme l'atteste son compagnon le baron de Stotzingen.

Le même témoin affirme qu'il s'agrégeait à toutes les Confréries dédiées à la sainte Vierge. L'Archiconfrérie de Notre-Dame du Mont-Carmel possédait cependant ses préférences et il engageait tous ses amis à en faire partie.

« O Vierge, disait-il souvent, vous êtes, après Jésus-Christ, mon espérance, et je sais que rien n'est comparable à votre autorité dans le ciel. Heureux celui qui, dans ses pressants besoins, se souvient de vous ! »

Cette confiance ne resta pas vaine. La très sainte Vierge lui obtint la grâce de la conservation de l'innocence baptismale et celle de la vocation religieuse.

Aux premiers jours de son noviciat, il révéla toute sa piété envers Marie dans son petit chef-d'œuvre des *Exercices spirituels.* Toutes les grâces qu'il implore par les prières de ce petit livre, c'est toujours par l'entremise de Marie.

La prière brûlante dans laquelle il sollicite l'amour divin s'achève en ces termes : « O Marie ! ô Marie ! ô Marie ! Vierge très sainte, Mère de Dieu, Reine du ciel, Maîtresse du monde, Temple de l'Esprit-Saint, Lys de pureté, Rose de patience, Paradis de délices, Miroir de chasteté, Vase d'innocence, intercédez pour moi, pauvre misérable, exilé et pèlerin que je suis; daignez m'accorder une partie de l'ombre seulement de votre surabondante charité (1)... »

On ne pourrait mieux comprendre l'étendue des grâces qu'il sollicitait de la sainte Vierge, que par la lecture de la méthode qu'il employait et qu'il recommandait aux autres. Nous ne pouvons nous défendre de la transcrire.

« Commencez par louer la sainte Vierge avec tous les titres les plus magnifiques. Dites-lui : O la très véritable Mère de mon Dieu; très miséricordieuse Mère des pécheurs, Mère très sainte, très pure, très prudente ! Mère des anges, Impératrice des hommes, souveraine Maîtresse de toutes les créatures !

« Exposez-lui ensuite vos misères, votre néant, vos faiblesses, vos plaies, vos blessures, et vous la supplierez instamment qu'elle daigne vous regarder d'un œil de compassion.

« Réjouissez-vous avec elle de tous les avantages et de tous les biens dont le Seigneur l'a

1. *Exercitia ser. dev.*, 30.

comblée et distinguée : c'est-à-dire de ce qu'elle a été choisie pour être la Mère de Dieu, préservée de tout péché, soit originel soit actuel; enrichie de tant de vertus, de grâces et de prérogatives; favorisée de tant de révélations et de consolations divines; élevée et placée au-dessus de tous les chœurs des anges.

« Enfin, demandez à cette très miséricordieuse Mère de vous obtenir de son divin Fils :

« 1° Une dévotion spéciale envers Elle-même;

« 2° Une entière rémission de tous vos péchés, avec un vrai repentir de les avoir commis; la grâce de faire durant cette vie de dignes fruits de pénitence et de satisfaire pleinement à la justice divine;

« 3° Un grand esprit de mortification à l'égard de votre jugement, de votre volonté; une parfaite harmonie entre votre intérieur et l'extérieur; l'horreur et le mépris de vous-même; la crainte et un respect digne de la majesté divine; un éloignement d'esprit et de cœur de toutes les créatures; la victoire complète sur toutes les tentations suscitées par le monde, le démon et la chair;

« 4° Un accroissement de foi, une fermeté d'espérance, une perfection de charité, une véritable résignation à la volonté de Dieu; une parfaite tranquillité d'esprit, et une constante reconnaissance pour les bienfaits reçus de Dieu;

« 5° La ferveur au service de Dieu, la droiture d'intention et la vigilance dans toutes vos actions;

« 6° Le don d'oraison et de la perpétuelle présence de Dieu, l'obéissance envers les Supérieurs, la douceur et l'affabilité envers vos frères;

« 7° Le courage et la force pour vaincre les difficultés, la patience dans l'épreuve, la douceur pour supporter les injures, et la constance pour exécuter vos bonnes résolutions;

« 8° La pauvreté, la chasteté, l'humilité avec ses compagnes inséparables qui sont la modestie intérieure et extérieure et le silence;

« 9° La grâce d'employer fidèlement au service de Dieu les talents que vous avez reçus, et d'en faire usage pour sa gloire et pour le salut du prochain;

« 10° La grâce de célébrer toujours le saint sacrifice de la messe (ou d'y assister et de faire la sainte communion) avec ferveur et avec fruit; de vous obtenir un secours efficace pour remplir fidèlement tous les devoirs de votre état;

« 11° Suppliez-la, en dernier lieu, qu'elle vous obtienne le don de la persévérance finale, d'une mort sainte, et qu'elle vous assiste au redoutable jugement de Dieu (1). »

Il saisissait toutes les occasions pour faire aimer et prier la sainte Vierge. Il distribuait aux laïques et surtout aux pèlerins qui se rendaient à Notre-Dame des Ermites, à Einsiedeln, une petite brochure qu'il avait composée sur la

1. *Exercitia ser. dev*, 76.

manière de pratiquer la dévotion au saint Rosaire.

Un jeune homme, Georges Sigismond, lui avait demandé quelques conseils sur la manière la plus efficace d'invoquer la très sainte Vierge. Il lui traça quelques pratiques pour réciter le saint Rosaire avec fruit, et ajouta : « Demandez à la Mère de Dieu toutes les grâces et surtout celle du salut éternel. Celui qui aime et honore la sainte Vierge de tout son cœur et de toutes ses forces ne sera jamais abandonné de Dieu. Priez-la donc, bien cher jeune homme ; honorez-la chaque jour par la récitation du chapelet, comme vous me l'avez promis ; par ce moyen, vous recevrez la grâce ici-bas, et après cette misérable vie, vous posséderez la gloire de Dieu (1). »

Chaque fois que l'horloge sonnait, il récitait l'*Ave Maria,* soit qu'il fût seul, soit qu'il fût en société. « Excusez-moi, disait-il à ses compagnons ou interlocuteurs, l'horloge sonne : je vais saluer la sainte Vierge (2). »

Avant de célébrer le saint sacrifice, il récitait, a l'adresse de Marie, une prière spéciale que la sainte Église a insérée dans le nombre des prières préparatoires à la messe (3). La voici : « O Mère de la piété et de la miséricorde, très bienheu-

1. Il écrivit cette lettre le 24 novembre 1620, pendant qu'il était Gardien à Fribourg (Suisse).

2. Berthold Krell. Procès de Coire.

3. Cette prière a été enrichie de cent jours d'indulgences par S. S. Léon XIII, 17 février 1883. La même faveur a été accordée à celle qui est à l'adresse du Saint dont on célèbre la fête, et commençant ainsi : *O sancte* N..., *ecce ego miser*

reuse Vierge Marie ! Misérable et indigne pécheur que je suis, je cours vers vous de toutes les forces de mon cœur et de ma volonté; je le demande à votre bonté : de même que vous vous êtes tenue près de votre très doux Fils pendant qu'il était sur la croix, veuillez vous tenir avec clémence près de moi, misérable pécheur, et près de tous les prêtres qui offrent le saint sacrifice ici et dans l'Église entière, afin que, soutenus par votre grâce, nous puissions offrir une Hostie digne et agréable en présence de la très haute et indivisible Trinité. Ainsi soit-il (1). »

Deux grâces spéciales formaient l'objet ordinaire de ses requêtes adressées à Marie. C'est un de ses compagnons, le Fr. Synésius, qui l'apprit de la bouche du Saint lui-même, dans une amicale expansion de sentiments. Ce bon Frère l'accompagnait un jour à Mayenfeld. En chemin, le Père lui dit : « Priez-vous beaucoup,

peccator, etc... (*Exercitia*, 68.) Comme la première elle a été insérée dans le tableau des prières préparatoires à la messe.

Aucun historien ne doute que saint Fidèle ne soit l'auteur de ces deux prières. La première édition des *Exercices*, faite par l'Université de Fribourg-en-Brisgau (1733), ainsi que la dernière, faite par le P. Michel de Zell (1893), attribuent ces formules au Saint, au même titre que le reste de l'ouvrage.

C'est aussi l'avis de l'historien allemand de saint Fidèle, le P. Ferdinand de la Scala (1896). Il n'y a pas lieu de s'étonner de l'ignorance dans laquelle on a vécu sur ce point. Que de prières sont attribuées à ceux qui n'en sont pas les auteurs ! Par exemple, la prière : Ame du Christ, sanctifiez-moi... *Anima Christi, sanctifica me*, a été longtemps attribuée à saint Ignace ; or, il est maintenant prouvé que c'est le bienheureux Bernardin de Feltre, franciscain, qui s'en est fait le propagateur.

1. *Exercitia ser. dev.*, 67.

mon Frère ? et quelles sont les grâces spéciales que vous demandez ? » Après la réponse du Frère, il ajouta : « Pour moi, il y a deux choses que je demande sans cesse par l'intercession de la sainte Vierge : la première, c'est de ne jamais tomber dans le péché mortel ; la deuxième, d'être trouvé digne de donner mon sang et ma vie pour Dieu. J'ai l'intime persuasion d'obtenir ces deux faveurs par les mérites et par l'intercession de la très sainte Vierge. Dieu m'a favorisé à ce sujet de diverses révélations spéciales pendant la messe et la prière. » A ces mots, s'apercevant que, contrairement à son habitude, il parlait de lui et des grâces exceptionnelles dont Dieu le favorisait, il se tut. Comme confus d'avoir fait cette ouverture d'âme, il défendit énergiquement à son compagnon d'en parler avant sa mort (1).

Quand il partira de Feldkirch et de Grüsch pour aller recevoir la couronne du martyre, ce sera à l'ombre de l'autel de Marie qu'il fera ses adieux, c'est par Marie qu'il demandera la grâce d'affronter les luttes de la mort ; enfin, c'est le doux nom de Marie qu'il prononcera, avec celui de Jésus, avant d'expirer.

Comme on l'a constaté, toute sa vie a été marquée d'une intimité filiale avec notre Mère du ciel.

Fort du secours de la sainte Vierge, il va accomplir des merveilles à l'extérieur.

1. Procès de Coire.

CHAPITRE X

L'AUMONIER MILITAIRE

> ***Arma militiæ nostræ, non carnalia sunt, sed potentia Deo ad destructionem munitionum, consilia destruentes.*** **(II Cor., x, 4.)**
>
> **Les armes de notre milice ne sont point charnelles, mais elles sont puissantes en Dieu pour renverser les remparts ennemis ; par elles nous détruisons les raisonnements humains.**

Un mot aux sectaires. — Situation politique. — La garnison de Feldkirch. — Dévouement pour les soldats. — Pendant la peste. — Les condamnés à mort. — Une révolte en caserne.

Les deux chapitres suivants, dans lesquels nous verrons un humble religieux, doué d'une énergie et d'une activité prodigieuses, occuper une place d'honneur, non seulement dans l'histoire de son Ordre, mais aussi dans celle de l'Autriche, jettent un éclatant démenti à la face des sectaires et des demi catholiques qui accusent les Ordres religieux d'être inutiles à la société.

Puisqu'ils affectent de nier l'efficacité de la prière et de l'immolation en faveur des individus et de la société coupables, ils ne peuvent contester, du moins, les bienfaits de ces religieux qui, travaillant au bien commun, savent persévérer dans leur œuvre au prix de leur vie.

L'époque à laquelle vivait saint Fidèle ressemblait à un volcan en ébullition. C'était l'ère des grands bouleversements politiques et religieux chez les nations civilisées.

La prétendue réforme pouvait se glorifier d'en être l'auteur. Les chefs protestants s'étaient révoltés, tantôt à visage découvert, tantôt à la sourdine, contre l'empire d'Autriche. A leurs yeux, l'empereur était *coupable de défendre la religion catholique*. Aussi avaient-ils juré de se débarrasser de son sceptre par n'importe quels moyens. Un encouragement leur venait de la France dont le roi Louis XIII cherchait à abaisser la maison d'Autriche. La puissance des Habsbourg le blessait comme une épine dans l'œil; continuant la politique de Henri IV, que Richelieu devait pratiquer au préjudice du catholicisme, il seconda en Autriche les protestants qu'il combattait en France, et fut un des soutiens de la révolte dans laquelle saint Fidèle fut martyrisé.

De toutes parts on voyait bouillonner le ferment de la sédition. Le peuple, surrexcité, criait à une guerre imminente. Pour conjurer le péril, l'archiduc Léopold d'Autriche, à l'exemple de ses ennemis, renforça les garnisons du Voralberg, et principalement celle de Feldkirch, la capitale, où il cantonna plusieurs bataillons surnuméraires. Saint Fidèle en fut nommé aumônier. Nul mieux que lui n'était apte à remplir ce ministère : sa connaissance des langues étrangères, son pouvoir sur les cœurs et sa vertu éprouvée semblaient le désigner d'office.

Pour bien apprécier l'influence qu'il exerça sur l'armée, il faut se rappeler que ces soldats, recrutés de-ci de-là, n'étaient rien moins que des modèles de douceur, de soumission et de moralité.

Bientôt pourtant il captiva leur confiance. Il comprenait que le militaire a besoin d'un ami qui s'intéresse à lui avec un infatigable dévouement. Ce qu'il comprenait, il l'exécuta : par sa bonté sans mesure, il conquit l'affection et des soldats et de leurs officiers.

Toutefois, il ne ménageait personne quand il s'agissait de réprimer une faute publique. Peu lui importait le nombre ou la couleur des galons; si un officier manquait à son devoir, il recevait la correction méritée aussi bien que le dernier des soldats. Cette impartialité, doublée d'un caractère très indépendant, rendit l'aumônier populaire et lui concilia l'estime générale.

Son zèle pour les âmes se révélait surtout à l'heure de la mort. Dieu l'avait favorisé d'un talent spécial pour disposer les âmes à franchir le seuil de l'éternité avec une sainte résignation. Nombre de soldats qui regimbaient contre une mort imminente désiraient avec ardeur mourir le plus tôt possible après avoir entendu les exhortations du Père.

D'autres, revenus à la santé, déploraient leur guérison qui allait encore les exposer à offenser Dieu. La mort reçue dans les saintes dispositions produites par l'aumônier eût été, à leurs yeux, mille fois préférable.

La peste hongroise avait fait son apparition, et frappait un grand nombre de victimes. L'aumônier se multiplia pour porter à ses chers malades les secours spirituels. C'était un rude ministère, à la vérité. Les pauvres soldats étaient étendus sur le plancher ou la paille dans d'étroites mansardes. Il y régnait une mauvaise odeur et une malpropreté presque insupportables. Beaucoup de malades ne pouvaient se remuer sans danger pour leur vie. Le bon Père était obligé de s'étendre par terre à côté d'eux, de ramper de l'un à l'autre, de mettre son oreille à leur bouche, puis sa bouche à leur oreille pour entendre leurs fautes, les exhorter et leur donner l'absolution (1). Toujours souriant, on aurait cru qu'il respirait un air parfumé dans cette atmosphère pestilentielle.

Son zèle ne se limita pas aux secours spirituels; il prodiguait aussi à ses chers malades tous les soins les plus tendres, mieux qu'une mère ne le ferait pour son enfant. Chaque jour il les visitait deux ou trois fois et même davantage; il leur lavait les pieds, préparait leurs aliments.

Les ressources matérielles faisaient souvent défaut. Le Père se privait alors d'une grande part de sa nourriture pour la donner aux soldats. De plus, il obligea le commandant en chef

1. Témoignage du P. Anselme.

d'envoyer des vivres de sa table et de payer de sa bourse les médicaments nécessaires. Avec la permission de cet officier, il fit transporter des soldats malades au couvent où ils furent l'objet des soins les plus dévoués.

Enfin, à la caserne, à l'hôpital, dans les ambulances, l'apparition d'un ange du ciel n'aurait pas produit une plus grande joie que la présence du P. Fidèle. Grâce à son infatigable dévouement, les ravages de l'épidémie furent bientôt réduits à une insignifiante proportion.

En ce temps-là, la discipline militaire était d'une sévérité inouïe : ainsi, il n'était pas rare de voir infliger, pour de petites fautes, la peine de mort. Le P. Fidèle s'efforçait d'adoucir autant que possible ces sanctions terribles nécessitées par les mœurs de l'époque. Un jour, quatre soldats avaient été condamnés à être passés au fil de l'épée; il fut assez puissant pour obtenir la grâce de deux; quant aux deux autres, il les prépara de son mieux à leur triste fin, et ils moururent pleins de résignation.

Par son crédit il obtint grâce pour un grand nombre de militaires condamnés à la prison ou aux fers.

Les condamnés à mort voulaient à toute force que le Père les accompagnât jusqu'au lieu du supplice, parce qu'il leur rendait la mort supportable. Quelqu'un l'entendit un jour dire à un de ces malheureux dont il n'avait pu obtenir la commutation de peine : « Mon cher enfant, pourquoi crains-tu la mort? Comme soldat, tu es toujours exposé au danger de perdre la vie. Si tu étais tombé sur le champ de bataille en état de péché mortel, tu aurais perdu à la fois et la vie du corps et celle de l'âme; mais maintenant, lors même que ta mort ne sera pas glorieuse aux yeux du monde, ton âme sera sauvée. Oh! remercie le Seigneur. Vois-tu! moi-même je voudrais avoir une fin aussi bonne que la tienne. A ce moment, je n'hésiterais pas à mourir à ta place, si je le pouvais. Ah! grand Dieu! en quel état partirons-nous de ce monde, nous tous qui allons te survivre?... Meurs en paix, mon fils bien-aimé! » Ainsi termina-t-il, la voix pleine d'émotion, les yeux baignés de larmes; et le soldat mourut saintement résigné (1).

Un jour, après une exhortation de ce genre, il se tourna vers les officiers présents et leur dit : « Je vous en prie, Messieurs, ayez un peu plus de compassion pour ces soldats. Vous ne devez pas, pour une faute légère, leur enlever la vie. Veillez plutôt sur eux afin qu'ils ne commettent aucune infraction à la discipline; et souvenez-vous que votre principal devoir est de défendre l'honneur de la sainte religion. »

Quelque temps après, une révolte éclata parmi les soldats et menaçait d'envahir toute la garnison. Les révoltés se plaignaient de ne pas recevoir la nourriture nécessaire. Ils soupçonnèrent le trésorier autrichien, Paul Tschitscher,

1. Témoignage de Georges Sachs. Procès de Coire.

de détourner à son profit les sommes affectées par l'archiduc à l'entretien des troupes. Les murmures prenaient une vaste proportion; on entendait même des menaces de mort. L'effervescence devint générale; et un jour, des soldats armés, sous la conduite d'un capitaine de cavalerie, nommé Brion, homme connu par sa brutalité, se portèrent devant la maison du trésorier, enfoncèrent les portes, pillèrent la cave et se disposaient à tout saccager. De grands malheurs étaient à craindre. A demi ivres, les révoltés étaient capables des plus grands crimes.

Aussitôt, a raconté Gaspar Kleckler de Feldegg (1), le P. Fidèle accourut, se fraya un chemin au milieu des fantassins et des cavaliers armés, furieux, et prêts à frapper quiconque leur résisterait.

Les habitants de Feldkirch tremblaient pour la vie de l'aumônier et jugeaient sa démarche inutile et imprudente. Sans autre but que la gloire de Dieu, le bien des âmes et le salut de la patrie, le P. Fidèle, qui n'était pas homme à se laisser intimider, alla droit au capitaine; et, d'une voix ferme, lui dit en français (2) : « Allons, Brion, croyez-vous donc que Son Altesse laisse ces forfaits impunis ? Prenez garde ! »

A ces paroles hardies, officiers et soldats restèrent comme interdits; de lions furieux ils devinrent doux comme des agneaux, se disper-

1. Procès de Coire.
2. Brion était Lorrain.

sèrent et rejoignirent leurs cantonnements respectifs sans faire autre mal.

Ce trait nous prouve assez combien puissante était l'influence de saint Fidèle sur l'armée. Non moins grande était celle qu'il possédait sur le Gouvernement.

CHAPITRE XI

LE PÈRE DE LA PATRIE

Hic est fratrum amator, et populi Israel.
(II Mach., XV, 14.)
Celui-ci est l'ami de ses frères et du peuple d'Israël.

Le réformateur. — Murmures des femmes contre le P. Fidèle. — Comparution devant le Sénat. — Autodafé. — Anna Zoller. — Pacificateur universel. — Défenseur des opprimés. — Transformation étonnante. — Témoignages.

L'armée n'était pas le centre exclusif des labeurs de saint Fidèle; il s'occupait aussi du reste de la société. Réformer les mœurs, tel était le grand objet de sa sollicitude. Mais, par où commencer? Il le savait, et se mit à l'œuvre.

« Toute réforme profonde et durable doit être morale avant de devenir législative ou sociale. Les lois répriment le désordre, mais n'en atteignent pas l'origine; pour être vraiment efficaces, elles doivent recevoir l'adhésion des volontés, le concours de la majorité honnête des citoyens. Elles peuvent défendre pour un temps la moralité publique, mais parce qu'elles n'ont pas d'action sur la conscience, seule inspiratrice de la vertu, elles cèdent sous l'effort des passions.

Les institutions ne valent que par l'appui qu'elles rencontrent dans les mœurs (1). » C'est par les mœurs que le Saint allait commencer.

A Feldkirch et dans les environs, s'il faut ajouter foi aux historiens, le désordre des mœurs était devenu proverbial. Les pessimistes comparaient la société d'alors à une bacchante drapée dans la richesse et enivrée de volupté. Le Saint se mit à prêcher, en toutes occasions, contre le luxe, l'immoralité, l'injustice, la haine, la désobéissance aux lois de l'Église. Aux riches, mieux encore qu'aux pauvres, il rappelait leurs devoirs sans se soucier de l'opinion. Désireux d'être plus utile aux âmes, il ne se contentait pas de généralités, il précisait ses griefs, menaçait tels pécheurs, exigeait la réparation de tel scandale. Il découvrait chaque plaie sociale, voire même individuelle, la sondait sans crainte de la faire saigner.

Quoique très puissante, sa parole se heurta à beaucoup de difficultés. Un jour, en particulier, prêchant à Feldkirch, il parla avec tant de force contre plusieurs désordres qui y régnaient impunément, il invectiva avec tant de véhémence contre les auteurs de certains abus criants, surtout contre le luxe effréné des femmes, qui était une cause de perversion et la ruine des familles, qu'il souleva une tempête. Sa tâche était d'autant moins facile que ces abus étaient autorisés par les principaux de

1. Flornoy, *Le bienheureux Bernardin de Feltre*, ch. IV.

la cité, au scandale général du peuple. Aussi rencontra-t-il beaucoup de contradictions.

On murmurait publiquement contre ce Capucin qui osait parler avec tant de hardiesse et si peu de ménagement. Des personnes du premier rang le taxèrent d'indiscrétion et d'imprudence : « Vraiment, disaient certaines dames de la haute société, croirait-on que ce Capucin est un gentilhomme, qu'il a fréquenté la Cour des Kohenzollern ? C'est inintelligible ; il ne sait plus ce que c'est que le monde : quel esprit étroit ! »

Ces invectives démontraient l'effet heureux des prédications, mais elles signalaient la grandeur du sacrifice exigé. Briser tant de vieilles habitudes mondaines était dur, surtout pour les femmes. « Les femmes, a dit La Rochefoucauld, peuvent moins surmonter leur coquetterie que leur passion. » Aussi, ce fut une difficile victoire celle qui imposa aux dames la suppression des objets de luxe exorbitant. Jamais obéissance ne fut plus héroïque. Pour l'obtenir, il fallait quelquefois des moyens d'extrême énergie, comme il advint pour Euphrosine Pappus.

Cette dame, d'une piété et d'une générosité dignes de louanges, portait sur la tête un objet de toilette un peu excentrique. Le P. Fidèle, la rencontrant un jour, lui dit : « Madame, c'est Satan que vous portez là en guise de vanité ; enlevez-le ! »

La pauvre dame, frappée de ce reproche inattendu, comprit la leçon et se dépouilla de toutes ses vanités.

Manière d'agir par trop raide! dira-t-on. En face de la situation actuelle, peut-être. Mais, autres temps, autres mœurs, dit l'adage; une méthode qui, aujourd'hui, paraît outrée, ne l'était pas au XVIIe siècle. Saint Fidèle, dont la bonté était légendaire, n'exigeait en cela que le minimum de la vie chrétienne. Après tout, était-ce sa faute? Le missionnaire est un combattant : les coups qu'il frappe, la tactique qu'il suit, lui sont commandés par la force de résistance de ses adversaires. Tant pis pour ces derniers si leur méchante opiniâtreté réclame une si verte énergie.

Ainsi ne raisonnaient pas ceux qui disaient au vaillant Apôtre : « Vous avez la main trop lourde. Cédez au temps, sinon vous aurez à souffrir de la part des riches et des familles influentes. »

A toutes ces considérations humaines, Fidèle préférait la volonté de Dieu, et répondait qu'il sacrifierait volontiers sa vie pour la cause de Jésus-Christ et le salut des âmes. Ces âmes lui étaient trop chères pour les laisser dans le tombeau du péché ou dans une tiédeur voisine de la perdition. Pour lui, sa méthode d'action était celle que l'apôtre saint Paul traçait aux prédicateurs de l'Évangile : « Annoncez la parole de Dieu à temps et à contre-temps, par des avertissements, des supplications et des menaces (1). »

1. II Tim., IV, 2. *Argue, obsecra, increpa...*

Il apprit, un jour, que le Sénat de la ville commençait à partager l'opinion des hauts personnages parmi lesquels figurait en tête de liste la classe féminine. Pour éviter aux Pères conscrits les embarras d'une citation en justice, il se présenta lui-même devant l'assemblée. Librement il exposa les raisons de sa conduite, rappela ses devoirs au premier magistrat, fit le tableau du désordre des mœurs et de l'impiété croissante, et cria à la nécessité d'arrêter le torrent dévastateur. « Il y va non seulement de la décadence des mœurs, dit-il, mais aussi de la perte de la fortune pour un grand nombre. » Tout le monde se rangea à son avis et l'approuva.

Quoique satisfait, il alla plus loin. Sur sa demande, le Sénat vota un règlement destiné à arrêter le cours débordant du luxe, de la débauche, du mépris des lois ecclésiastiques. Les magistrats le publièrent, l'enregistrèrent dans les archives de la ville et s'engagèrent à en assurer l'exécution (1).

Dès lors, l'ardent missionnaire eût pleine faculté de prêcher contre les abus autant qu'il le jugerait à propos. Il en profita pour extirper le poison de la mauvaise presse.

Les libraires et quelques particuliers de Feldkirch vendaient publiquement des livres douteux ou même remplis d'hérésies. Pour remédier à ce fléau, le Saint fit publier par les magistrats

1. Le texte original existe aux archives de Feldkirch.

la défense absolue de vendre ces écrits ou de les garder.

Une inspection fut faite dans toutes les librairies ; puis, en présence des vendeurs récalcitrants, il y eut un autodafé de toutes les productions de la mauvaise presse.

Saint Fi[illegible] n'était pas encore rassuré. Pour contrebalancer les effets de la presse hérétique, il composa un ouvrage intitulé : « Des articles de la foi catholique : *De articulis fidei catholicæ* (1). »

Sans oublier les catholiques, il travaillait activement à la conversion des hérétiques. Souvent ses efforts furent couronnés d'un consolant succès. Toutefois il y eut des exemples contraires. Aux premiers mois de son séjour à Feldkirch (1619 et 1620), il prêcha le jour des Morts sur la nécessité de secourir les âmes du purgatoire. Une dame calviniste de la principale famille de la ville (2), Anna Zoller, se moqua du prédicateur, proclama que sa doctrine était fausse, que celle de Luther était la

1. Cet ouvrage n'existe plus. Il en est de même du traité : *De sacratissimo Rosario* que Sophie Reinold et Bertold Krell ont affirmé avoir lu (Procès de Coire), et d'un autre intitulé : *Disputatio contra quosdam ministros hæreticos Prættigovienses* (Histoire de la Province d'Autriche-Hongrie). Publiés sans le nom de l'auteur, ces ouvrages ont insensiblement disparu. Certains écrivains soupçonnent les hérétiques de les avoir détruits. Nous leur laissons la responsabilité de ce soupçon sans le partager, faute de preuves suffisantes. (P. Rocco da Cesinale, *Storia delle missioni dei Cappuccini*, tom. II, p. 69, note 3.)

2. *Ex principaliori familia*, a déclaré le Fr. Meinrad au procès de Constance.

seule vraie. Elle allait, de salon en salon, avec la désinvolture particulière aux femmes dogmatisantes, répétant que le P. Fidèle était un radoteur et qu'il ne fallait pas l'écouter.

Le Saint travailla de son mieux à la convertir. Tous les moyens de persuasion furent employés avec une grande douceur, mais sans succès. La pythonisse, enhardie par l'éclat de sa situation sociale, déblatérait en public comme dans les cercles intimes contre les dogmes catholiques rejetés par les protestants. Citée devant le tribunal, elle étala la même arrogance et la même obstination.

On craignait, à bon droit, qu'elle ne répandît la contagion de l'hérésie par les charmes trompeurs d'une éloquence artificieuse. Sur le conseil du P. Fidèle, le Sénat, pour mettre fin au scandale, la fit partir dans une autre contrée (1).

Toutefois, le bon Père n'abandonna pas cette brebis égarée. Il adressa pour elle au Ciel des prières si ferventes qu'il obtint sa conversion. Elle reconnut la vérité catholique; et, peu de temps après, elle prononçait avec bonheur son abjuration.

Une plaie non moins grande que celle de l'hérésie ravageait le pays; c'était la haine. Le P. Fidèle s'employa de toute son ardeur à la cicatriser.

Dieu, attestent les contemporains, l'avait doué

1. Archives de la ville de Feldkirch.

d'une grâce spéciale pour rétablir la concorde.

Nombre de personnes et de familles étaient acharnées depuis longtemps à se perdre et à se ruiner par des procès sans fin. Elles remirent entre les mains de l'Apôtre leurs plus chers intérêts, le choisirent pour arbitre de tous leurs différends : on le savait très instruit en droit canonique et en droit civil, et au courant de toutes les mystérieuses procédures de la justice contentieuse. Il ne trompa jamais l'attente de ces pauvres malheureux ; toujours il termina les procès à l'unanime satisfaction des partis. Aussi l'appelait-on l'*ange de la paix*.

Un landamman de Feldkirch, Christophe Moriz, a relaté un fait personnel à ce sujet. Depuis longtemps un gros procès avait été engagé entre sa femme, son beau-père et sa belle-mère. Des sommes considérables avaient été dévorées par les plaidoiries et en pure perte. C'était à désespérer. Le P. Fidèle intervint; et, grâce à son tact et à son talent de juriste, il concilia les belligérants à leur grande satisfaction.

Le réputation de ce grand pacifiçateur était parvenue jusqu'aux oreilles de Mgr Alexandre Scappi, évêque de Campanie, nonce apostolique à Lucerne. Ce prélat chargea le P. Fidèle de travailler à la réforme du monastère des Bénédictins de Pfadffers. En peu de temps sa tâche fut accomplie avec un succès qui répondait pleinement aux espérances du représentant de l'Église.

Un couvent de religieuses Dominicaines fut

l'objet de la même faveur. Par les soins du Père, il se releva de ses ruines et redevint florissant malgré d'atroces persécutions.

Saint Fidèle exerçait la justice chaque fois qu'il rencontrait des innocents opprimés, quelle que fût la qualité des oppresseurs.

Un jour, un prêtre fut cité au tribunal en dépit de l'immunité ecclésiastique. Aucun membre du clergé n'osait prendre sa défense. Le P. Fidèle alla trouver le magistrat, lui rappela les lois canoniques reconnues et acceptées par le droit civil. « Prenez garde ! ajouta-t-il, si vous ne renoncez pas à cette action judiciaire, l'excommunication est fulminée contre vous. » Épouvanté, le magistrat relâcha le prêtre et promit de ne jamais entamer de poursuites contre les personnes consacrées à Dieu.

Les pauvres et les orphelins étaient les premiers à bénéficier de son talent et de sa charité. Quand il s'agissait de leur obtenir des secours et des faveurs, il ne craignait pas de faire appel aux personnes riches et même à l'archiduc Léopold.

Chaque fois qu'ils étaient victimes d'une injustice, il prenait leur défense et obtenait pleine réparation.

Si les injustes détenteurs du bien d'autrui se présentaient à lui pour la réception des sacrements, il ne les admettait qu'après la restitution de la dernière obole.

Cette charité à toute épreuve l'avait fait surnommer l'*Avocat des pauvres*.

D'autres l'appelaient le *Conseiller universel.* De fait, il l'était. Les personnages les plus en vue par leur science et leur dignité, officiers, magistrats, prêtres, évêques, allaient le consulter soit au confessionnal, soit au parloir du couvent. Et lui, toujours humble et modeste, loin de tirer vanité de cette haute confiance, affectait de donner ses préférences aux hommes du peuple.

Après quelques mois de cet apostolat, la ville de Feldkirch et les localités voisines étaient méconnaissables au point de vue des mœurs. Les mauvais livres avaient à peu près disparu, la toilette des femmes s'affranchit des excentricités de la mode, les repaires de débauches et de désordres furent fermés, les fêtes mondaines devinrent plus rares, les inimitiés les plus invétérées se dissipèrent et la concorde rendit le bonheur à toutes les classes de la société (1).

Pleins de reconnaissance envers le courageux missionnaire, tous les habitants, sans distinction de culte ou de fortune, lui décernèrent d'un commun accord le titre de *Père de la Patrie !*

Une transformation si prompte et si radicale n'avait pu s'effectuer que par une vertu d'en haut communiquée à notre Saint. Le P. Fidèle

1. Dans la bulle de canonisation, Benoît XIV a résumé l'œuvre réformatrice de saint Fidèle dans ces paroles : *Omnia vitiorum genera, pravas omnes consuetudines immaculatis christianæ sanctimoniæ legibus adversantes, qua fidelibus exhortationibus, qua liberiori voce et mirabili quadam eloquentiæ vi insectatus novos populo mores induxisse visus est.*

le prouva par une multitude de conversions opérées chez les catholiques et chez les protestants, et par ses vertus extraordinaires. « Il n'agissait que pour Dieu et vivait toujours en sa présence, affirme le P. Jean, son compagnon. Dans la chaleur, le froid, la faim, la soif, les souffrances de toutes sortes, partout, il n'avait en vue que la gloire de Dieu, la propagation de la foi catholique, la glorification des saints, le salut de son âme, de celle de son prochain. Infatigable dans son ministère, il prêchait, exhortait, encourageait, réprimandait, convertissait, visitait les malades, sans jamais s'inquiéter de sa propre vie. Son amour pour les infidèles et les pécheurs était plein de tendresse (1). »

Le comte de Sulz assura, après le martyre, que partout où le P. Fidèle avait passé, il n'était bruit que de sa sainteté et de sa puissance auprès de Dieu (2).

Cette sainteté et cette puissance ont reçu le cachet divin par des prodiges surnaturels.

1. Procès de Coire.
2. Procès de Milan. Le Sénat de Feldkirch a rendu le même témoignage.

CHAPITRE XII

THAUMATURGE ET PROPHÈTE

Si gloriari oportet... veniam autem ad visiones et revelationes Domini. (II Cor., XII, 1.)

S'il faut se glorifier... je parlerai des visions du Seigneur et des révélations qu'il m'a faites.

Tristesse disparue. — Moribonde guérie malgré l'avis contraire des médecins. — Châtiment d'un blasphémateur. — Humiliation d'une jeune mondaine. — Prédictions de la révolte des Grisons. — Le Saint annonce sa mort. — Une âme du purgatoire.

Une jeune fille, de famille patricienne, Barbe Furtenbach, fut soudainement assaillie par la pensée qu'elle était perdue, condamnée à l'enfer. Rien ne put la distraire de cette obsession. Elle ne dormait plus et pleurait jour et nuit. A cette nouvelle, le Saint alla voir la mère et lui dit : « Consolez-vous; je sais le remède dont votre fille a besoin; elle va le recevoir, et bientôt elle sera guérie avec le secours de Dieu. » La pauvre malheureuse se confessa au Père; et dès qu'elle eut reçu l'absolution sacramentelle, elle fut complètement guérie, et la joie s'épanouit de nouveau sur cette figure d'où elle avait disparu depuis longtemps (1).

1. Procès de Coire.

Véronique Quadrienn tomba très dangereusement malade. Les médecins désespéraient de la sauver. Saint Fidèle la confessa, lui donna la sainte communion, mais refusa de lui administrer l'extrême-onction, affirmant qu'elle guérirait. Les médecins soutinrent le contraire; et, pour dissiper l'entêtement du Capucin, ils le prièrent de s'approcher de la malade et de constater qu'elle était déjà en agonie. C'était vrai : malgré cette certitude, le Père persista dans son refus. Il fit toucher l'extrémité de sa corde à la moribonde, celle-ci la baisa pieusement, puis s'endormit tranquille d'un profond sommeil. A son réveil, elle déclara que, au contact de la corde du P. Fidèle, une force miraculeuse l'avait guérie. Peu après, elle jouissait d'une santé florissante.

« J'ai été favorisé de diverses révélations », avait dit le Saint à son ami le Fr. Meinrad. Il en donna des preuves nombreuses. Nous en citons quelques-unes.

Dans ses instructions aux soldats, il parlait fréquemment de l'horreur que doit inspirer le blasphème. Un soldat, ordonnance d'un officier supérieur, ne voulait pas renoncer à ce langage infernal. Un jour, au camp, saint Fidèle allait se mettre à table avec les officiers, lorsque avisant l'ordonnance, il lui dit : « Sache, mon ami, que toutes ces paroles sont des péchés graves, et que si tu ne te corriges pas de cette détestable habitude, tu mourras subitement, frappé d'un coup d'épée, et tu perdras à la fois la vie de l'âme et celle du corps. Tiens cet avertissement pour certain. » Le soldat eut l'air de dédaigner ces paroles et négligea de s'amender. Quelque temps après, comme le Saint l'avait prédit, il expirait subitement sous le glaive dans une querelle qu'il eut avec un de ses compagnons.

Dans une localité de l'Alsace, il avait plusieurs fois réprimandé une jeune fille appartenant à l'aristocratie, à cause de son orgueil et de son étrange fierté. Ce fut toujours sans succès. Le Saint la menaça d'une punition qui la jetterait dans une humiliation très grande. La jeune mondaine, n'attribuant aucune importance à cette prédiction du Capucin, continua son train de vie, ne songeant qu'à une alliance qui pourrait satisfaire son ambition. Dans le choix, la religion fut reléguée au dernier plan. Elle épousa un hérétique; mais, peu après, la ruine survint dans la nouvelle famille, et l'arrogante jeune fille d'autrefois n'était bientôt plus qu'une vulgaire femme, condamnée à dévorer l'amertume de toutes les humiliations.

Le capitaine Reinold, de garnison à Feldkirch, fut transféré à Dillingen. Sa femme en était profondément affligée. Baignée de larmes, elle alla annoncer la triste nouvelle au P. Fidèle. « Consolez-vous, Madame, lui dit le Père, votre mari, dans sa nouvelle résidence, sera plus en sûreté qu'à Feldkirch; car sachez que, chez les Grisons, il y aura de grands malheurs. » Puis, s'adressant au colonel de Ballion, commandant des troupes, il lui tint le même langage : « Monsieur, faites attention ! les soldats en Rhétie seront abattus comme de la volaille. » Les événements qui suivirent ne justifièrent que trop, hélas ! ces sinistres prédictions.

Dans une autre circonstance, il avait clairement annoncé l'insurrection des Rhétiens contre leur prince, prédisant les pertes et les désastres qui s'en suivraient. Gaspard Kleckler, chef de l'armée catholique, entendit cette lugubre déclaration : « Sachez que tous vos soldats, à cause de leur inviolable fidélité à l'archiduc d'Autriche, seront massacrés par les barbares. » La prédiction se réalisa de point en point.

Un officier, le capitaine Grentzing, était affligé d'une maladie si grave qu'on attendait d'heure en heure son dernier soupir. Le Saint fut mandé près de lui. Il le consola et dit à l'épouse qui sanglotait et s'apprêtait à revêtir les habits de deuil : « Madame, ne pleurez plus ; je vous certifie que votre mari sera, à bref délai, complètement guéri. » Contre toute espérance humaine, la prédiction se réalisa.

La prophétie qu'il réitéra le plus souvent est celle de l'époque et du genre de sa mort. Chaque jour, avant la sainte messe, il suppliait Dieu de l'éclairer à ce sujet. « O mon Dieu, donnez-moi une connaissance intérieure de l'heure de ma mort (1). » Quand il commença la mission du Prätigau, il dit : « J'ai bon espoir de convertir

1. *Da mihi intimam lucem horæ mortis*... (*Exercitia seraph. dev.*, p. 67.)

les égarés; cependant ils me mettront à mort. C'est certain. »

En quittant Feldkirch, comme nous le dirons plus loin, il annonça aux magistrats, à ses amis, à ses confrères, qu'il ne les reverrait pas sur cette terre. Cette conviction était si profondément gravée dans son esprit que, durant les deux années qui précédèrent sa mort, il signait ses lettres de cette manière : « Frère Fidèle, qui sera bientôt la pâture des vers. » Plus le terme fatal approchait, plus sa manière de signer allait en s'accentuant. « Fr. Fidèle qui sera à *bref délai* la pâture des vers. » Durant son dernier séjour à Feldkirch, il en arriva à cette expression : « Fr. Fidèle qui sera, *ces jours prochains*, la pâture des vers (1). »

Quand il retourna dans le Prätigau pour y être assassiné, son compagnon, le P. Jean, lui demanda : « Si le pays venait à être perdu de nouveau, pensez-vous qu'il puisse être reconquis ? — Il sera perdu et de nouveau repris, répondit le Saint ; dans cette nouvelle conquête, peu des nôtres tomberont ; mais cela n'arrivera que par miracle. »

La prophétie s'est réalisée.

Elisabeth Lanzin, de Feldkirch, apparaissait, après sa mort, à une de ses parentes, nommée Barbe. Son visage était empreint d'une grande tristesse ; elle jetait des cris et des gémisse-

1. *Fr. Fidelis, esca vermium ; brevi esca vermium ; propediem esca vermium.* (Lettres à Dom Placide de Mehrerau et à Jean V, évêque de Coire.)

ments, et décrivait les peines affreuses dont elle était torturée au purgatoire. Barbe la reconnaît; c'était d'elle qu'elle avait reçu les premiers éléments de l'instruction religieuse après avoir abjuré le protestantisme. Effrayée de ces visites lugubres qui se renouvelèrent longtemps, elle exposa ses frayeurs au P. Fidèle. Celui-ci, touché de compassion, lui répondit : « Calmez-vous! pour vous débarrasser, je me charge du devoir de délivrer votre parente. » Dès ce moment la maison de Barbe cessa d'être hantée; mais ces bruits se firent entendre au couvent de Feldkirch. Ce n'étaient plus des paroles, mais des signes terribles qui rappelaient le pacte fait par le Père Gardien. Durant plusieurs jours le bon Père célébra la sainte messe et la fit célébrer par ses confrères en faveur de cette âme souffrante. Peu après, Elisabeth apparut rayonnante dans des vêtements de gloire, le visage souriant : « Je suis délivrée, dit-elle, et je pars pour le ciel. Je prierai pour vous récompenser. » A ces mots, elle disparut.

CHAPITRE XIII

LE CHAMP DE BATAILLE

Fili hominis, dic ei : tu es terra immunda.

Fils de l'homme, dis-lui : tu es une terre souillée ! (Ezech., XXII, 24.)

Pourquoi ce chapitre. — Description topographique. — Caractère des Grisons. — La Réforme. — Elle s'implante facilement en Rhétie. — Rôle de la France. — Barbarie des hérétiques. — Le strafgericht *sanglant. — En Valteline. — Le meurtre de la Valteline. — Traité de Milan.*

Avant de suivre notre Saint dans ses derniers travaux couronnés par le martyre, nous devons faire la description de son champ suprême de combat. Cette étude préalable est nécessaire pour apprécier à leur juste valeur la grandeur et les difficultés de l'apostolat de saint Fidèle.

De plus, certains historiens ont mis en doute les droits de l'Autriche sur le Prätigau : or, c'est surtout pour avoir défendu la justice de ces droits que le Saint a été qualifié par les ministres protestants d'*oppresseur du peuple.* Il faut le venger de cette injure vomie par les coreligionnaires de ses bourreaux.

Le canton des Grisons, dont le Saint évangélisa les contrées nord-est, compte parmi les principaux de la Confédération helvétique. Aujourd'hui il est relié à l'est et au nord-ouest de la Suisse par les cantons de Saint-Gall, de Glaris, d'Uri et du Tessin. Au sud, il confine avec l'Italie; à l'est et au nord, avec l'Autriche.

Au XVIIe siècle les frontières n'étaient pas les mêmes. A cette époque, les Grisons étaient limités à l'est par le Vintschgau; à l'ouest par le comté de Bellenz; au sud par le lac de Côme; et au nord par la chaîne du Rhaticon.

Les peuples anciens appelaient cette contrée la Rhétie et lui donnaient des limites encore plus étendues. Au dire de Strabon, elle possédait une partie de l'Italie actuelle (1). « Au nord, dit Claudien, elle dominait la Forêt noire, et paraissait fière de garder les sources du Danube et du Rhin (2). »

Le caractère des populations, quoique variant d'une vallée à l'autre, avait partout une note commune et dominante : c'était une irascibilité voisine de la barbarie. Déjà les Romains écrivaient au sujet des Rhètes (ou Rhétiens), « qu'ils étaient très belliqueux, difficiles à vaincre, et plus rebelles encore à vivre dans la soumission (3) ».

Tel est aussi le témoignage d'un contemporain de saint Fidèle, le protestant Salis-Marochlins,

1. *Rhæti usque ad Italiam pertinent, supra Veronam et Comum.* (Strabon. Rer. Geogr.)

2. *Sublimis in Arcton.*
Prominet Hercyniæ confinis Rhætia silvæ,
Quæ se Danubii jactat Rhenique parentem.
(De bello Getico.)

3. Tacite, *De more Germanorum.*

Grison lui-même : « Rarement notre peuple s'arrête au milieu d'un soulèvement ; il faut qu'il sacrifie quelque personne à sa fureur. »

Hélas! ce jugement a été écrit en caractères de sang dans l'histoire des Grisons.

Dès 1425, Jean II, évêque de Coire, avait donné le Prätigau et d'autres biens au duc Frédéric. Les années suivantes, les habitants se révoltèrent.

En 1849, le duc Sigismond les ramena à l'obéissance par une répression énergique, et exigea la prestation du serment de fidélité aussi bien des vassaux de la *Ligue de la Maison de Dieu* que des membres des autres juridictions (1). En 1464, à la suite d'une nouvelle révolte, il enleva au comte Ulrich de Match la forteresse de Trasp, dans la Basse-Engadine, et l'inféoda à ses domaines en compagnie d'autres acquisitions. Sept ans plus tard, il déclarait que les huit Cours de Justice dans les Grisons étaient sa propriété.

1. A la fin du XIVe et du XVe siècle, les seigneurs ecclésiastiques et laïques qui gouvernaient le territoire des Grisons, contraints d'employer un nouveau moyen de résister aux guerres incessantes et de ramener la prospérité matérielle, formèrent avec leurs sujets des unions appelées *Ligues* ou *Alliances*, dotées de privilèges et de libertés. En 1392, à l'est du canton, prit naissance la *Ligue de la Maison de Dieu*, avec Coire pour capitale. En 1324, ce fut l'Alliance grise, la plus importante. Cette dénomination était empruntée à la couleur chère aux habitants du pays. En 1344 naissait enfin l'*Alliance des dix juridictions*. Plus tard, en 1471, ces trois ligues formèrent une Confédération, appelée, à cause de la Ligue principale, *République des Hauts-Grisons*. (P. Rocco da Cesinale.)

Ces contrées forment le principal champ d'action de saint Fidèle. Voici leurs noms : Davos, Alveneu, Saint-Pierre, Saint-Georges-en-Schalfrik, Churwalden, Closterk, Jenatz et Castels.

Quelques années s'écoulèrent dans cette situation; mais, en 1499, les Suisses contraignirent les Juridictions (1) à faire alliance avec eux : ennemis jurés de l'Autriche, ils voulaient en secouer le joug.

Par le traité de Bâle (1499), l'empereur rappela ses droits, qui ne furent pas modifiés avec l'érection de la République des Hauts-Grisons.

La Réforme trouva chez les Grisons un terrain très propre à porter ses fruits de perdition. Prompts à se jeter dans le mal, les farouches Rhétiens reçurent avec enthousiasme une doctrine qui ouvrait la porte à tous les vices. On embrassait le protestantisme parce qu'il était très commode et favorisait les mauvaises passions (2).

Quant aux prédicants, Zwingli n'eut pas de peine à les recruter parmi les membres du clergé dont les vertus étaient assez peu sacerdotales. L'écume des diocèses et des cloîtres s'en vint

1. Avec l'adjonction de Malans et de la principauté de Mayenfeld, les Huit *Juridictions* ou *Droitures* formèrent la Ligue des *Dix* Juridictions.

2. Calvin a écrit : « Parmi cent évangélistes (c'est-à-dire *protestants*), on en trouverait à peine un seul qui se soit fait évangélique pour aucun autre motif que pour pouvoir s'abandonner plus librement à toutes sortes de voluptés et d'incontinences. » (Comment. in II epist. Petri.)

donc former les cadres des ministres de l'erreur.

D'autre part, la dissolution des mœurs chez la troupe vénale des fonctionnaires alliés saluait avec bonheur l'abolition des lois de la morale. « Croyez fortement, et péchez plus fortement ! » criaient les prédicants à la suite de Luther et de Calvin. Quoi de plus facile, mais aussi quoi de plus délétère? Les protestants eux-mêmes furent effrayés des fatales conséquences de cette doctrine : Juvalta en fait la peinture en ces termes : « Ceux qui aspiraient aux places honorifiques et aux charges lucratives ne pouvaient les obtenir que par fraude ou corruption. Tout se vendait à la façon de viles marchandises... Sans pudeur et sans crainte de la honte ou des punitions, les juges vendaient leurs services aux plus offrants. »

On conçoit sans peine que chez ces gens dégradés la maxime des apostats de la foi catholique fut bienvenue. Ajoutons que de toutes les causes qui prêtaient flanc à l'hérésie, la principale était la situation politique. Tous les troubles de la Réforme avaient une tendance révolutionnaire : quand elle ne pouvait faire apostasier les souverains, elle excitait les peuples à se soustraire à leur autorité.

Il en fut ainsi dans la Haute-Rhétie. Les protestants y trouvèrent des sujets qui travaillaient à secouer le joug de l'Autriche. Tout était prêt : il ne fallait qu'une étincelle pour allumer l'incendie, parce que les matières inflammables étaient accumulées de toutes parts. Le prétexte seul manquait : la Réforme vint à point. Une troupe de ministres sillonna le pays, prêchant la révolte contre les chefs civils et l'apostasie de la religion catholique. Cette mission, nous allons le voir, donna ses fruits.

En 1524, un village du Prätigau était déjà dirigé par un curé apostat, Jacques Spreiter. A Hanz, en 1526, une réunion de prêtres et de moines apostats décréta la liberté de religion.

Les chefs politiques, plus soucieux de leur intérêt que de leur devoir, ne mirent pas d'entraves à la diffusion de l'erreur. Cependant, en 1518, le Grand Chapitre de Coire, les trois Ligues et la Maison d'Autriche formèrent une alliance en vertu de laquelle les contractants s'engageaient à se prêter assistance réciproque et à interdire aux ennemis de chacun le passage sur leur territoire.

Nous devons le rappeler ici à regret : la France, jalouse de la puissance toujours croissante de la Maison des Habsbourg, prêtait main forte aux ennemis de l'Autriche, même aux protestants et aux Turcs. Chez lui, le roi de France combattait avec une louable énergie la doctrine des novateurs; en Suisse, il paraissait la favoriser. La guerre entre catholiques et protestants allait éclater. Voici à quelle occasion.

Henri IV, de concert avec la république de Venise, réclama le droit de passage du parti réformé de la Haute-Rhétie. Singulière politique! pendant que l'on proclamait la légitimité de ce droit (1603), l'Espagne ne pouvait l'obtenir durant ses opérations contre Venise. La république de Saint-Marc usa même contre l'Espagne d'un procédé odieux. Elle dit aux réformés Rhétiens : « Les catholiques se conduisent d'après ce principe : *il ne faut s'attendre à aucune fidélité de la part des hérétiques!* Donc le roi d'Espagne veut, non seulement le droit de passage, mais cherche à espionner le pays et le soumettre à sa domination. »

Grâce à cette inqualifiable fourberie, la guerre éclata entre les hérétiques et les catholiques qui se scindèrent en deux partis rivaux, prenant le nom de leurs principaux représentants : le parti des Planta pour les catholiques, et le parti des Salis pour les réformés.

Les familles nobles de Planta et de Salis étaient les principales du pays; la première, catholique, favorisait l'Espagne; celle des de Salis, protestante, favorisait la France.

Vainqueurs au début, les réformés profitèrent de leurs succès pour trancher la tête au bailli autrichien du château de Castels (1) et au capitaine du prince-évêque de Fürstenberg (juillet 1607) (2). Jean V, évêque de Coire, n'échappa à la mort que par la fuite.

Dès lors, la violence contre les catholiques fut à l'ordre du jour. En Valteline, ils ne pouvaient envoyer leurs enfants dans les établissements

1. George Beli de Belfort.
2. Gaspard Baselga.

des Jésuites; quelques-uns devaient même fléchir devant la force des armes.

En 1618, les ministres de l'erreur établirent à Thusis, le *strafgericht,* tribunal ou cour martiale qui s'attribuait un pouvoir dictatorial toutes les fois que le statut national était menacé (1). Avec une cruauté raffinée, ce tribunal travaillait à détruire tous ceux qu'il appelait *traîtres à la patrie,* c'est-à-dire les sujets qui refusaient de se révolter. Transformés en magistrats improvisés (2), les prédicants se vantaient d'être sans pitié, comme des juges d'enfer. Sur leur ordre, l'oncle des nobles Rodolphe et Pompée Planta fut décapité; la tête de ses neveux fut mise à prix, ainsi que celle de Jean V, évêque de Coire; l'archiprêtre de Sondrio, Nicolas Ruska, mourut dans les tortures le 25 août 1618, parce qu'il commettait le crime de combattre les erreurs de Zwingli (3).

La rage des bourreaux s'envenimant, le nombre des martyrs allait se multiplier. Blaise Bleck, Bonaventure Toutsch, Jean Janett, George Jematsch, tous prédicants, pénétrèrent dans l'Engadine à la tête d'une troupe de forcenés qui perpétrèrent les mêmes horreurs qu'à Thusis. Le nombre de leurs victimes fut si grand que, au dire d'un protestant contemporain (4), le

1. Cantu, *Histoire des Italiens,* tome 8, ch. 148.
2. Les principaux étaient : Jean Comander, archiprêtre, apostat de Coire; Henri Spreiter; Philippe Saluzio.
3. Cantu, *Histoire des Italiens.*
4. Juvalta.

bourreau de Coire déclarait *qu'il n'aurait bientôt plus rien à faire, tant il y avait surabondance de têtes sous sa hache.* « Jamais, continue le même témoin, il n'y eut autant d'injustices que dans ce tribunal infernal ; jamais, de mémoire d'homme, on n'avait vu, sous le masque de la justice et de l'Évangile, un despotisme aussi ignominieux que celui des prédicants. »

Après quelques mois de répit, durant lesquels les frères Planta furent rappelés de l'exil, on établit à Davos un nouveau tribunal non moins féroce que celui de Thusis. Quant aux sentences criminelles de Thusis, elles furent encore aggravées, et les exilés rentrés dans la patrie durent de nouveau franchir la frontière.

Et l'on voudrait que de telles horreurs n'aient pas exaspéré les populations catholiques !

Dans la Valteline (1), en particulier, l'agitation prit des proportions extrêmes, dues, en partie, aux passions politiques des gouvernements d'Europe. C'était à qui posséderait cette superbe vallée. L'Espagne la voulait pour envoyer libre-

1. La Valteline était enclavée entre le comté de Bormio, le duché de Milan, le comté de Chiavenne et le territoire de Venise. Donnée comme fief aux évêques de Coire, ceux-ci eurent à défendre leurs droits contre la ville de Côme et les ducs de Milan ; elle passa au pouvoir des Ligues Grisonnes en 1530. En 1620, les habitants se soulevèrent contre la mère-patrie ; les Espagnols tentèrent de s'en emparer. Richelieu confia au calviniste Henri de Rohan le soin de débarrasser ce pays de la présence des ennemis ; ce que le duc accomplit à souhait. En 1797, la Valteline fut enlevée aux Grisons par Bonaparte, et, en 1814, incorporée au royaume lombard-vénitien pour devenir dans l'organisation actuelle la province de Sondrio.

ment ses troupes d'Italie en Allemagne (1); mais son ambition sans mesure préjudiciait à l'équilibre européen (2). La France, depuis l'occupation de tous les passages des Alpes par la Maison de Savoie, n'avait plus que la Valteline pour jeter en Italie une armée d'invasion et communiquer avec Venise (3).

Celle-ci ne pouvait pardonner à l'Espagne sa force d'expansion et surtout la possession du duché de Milan.

Protectrice des catholiques valtelinois, l'Espagne vit donc se lever contre elle, Venise, la France et même le duché de Savoie, dont l'influence était prépondérante sous Charles-Emmanuel Ier (4). Ces puissances hostiles encouragèrent les protestants à révolutionner la Valteline et à la soustraire à la domination autrichienne.

Aussi en même temps que leurs coreligionnaires continuaient la guerre religieuse dans la Haute-Rhétie, les réformés, forts de cet appui, redoublèrent de fureur dans la Valteline. Suivant la déclaration d'un prédicant (5), ils ne formaient pas même la centième partie de la population et prétendaient quand même y im-

1. On sait que la Maison d'Espagne possédait alors le duché de Milan. Le roi d'Espagne portait le titre de *duc de Milan*.

2. H. Léo et Botta, *Histoire de l'Italie*, liv. XII, ch. II.

3. Amédée Gabourd, *Histoire de France*, tome XII.

4. Boissat, *Histoire de la Maison de Savoie*, Charles Emmanuel Ier.

5. Lettre de Fabrice à Büllinger de Zurich.

poser leurs erreurs et leur tyrannie. Ils permettaient l'immigration de tous les pourchassés de justice, combattaient l'intérêt des populations dans les Diètes, exigeaient que les prédicants hérétiques fussent nourris aux frais des catholiques. Déjà l'archiprêtre Ruska avait été massacré : on introduisit de force un ministre réformé dans l'église catholique de Boalzo, et l'on s'attendait au massacre imminent de plusieurs prêtres et des familles catholiques les plus considérées dans la région.

A bout de patience, les Valtelinois résolurent de mettre fin à la cruauté et aux intrigues des hérétiques par un coup décisif. Du 19 au 20 juillet 1620, on eut à déplorer une insurrection sanglante. Trois à quatre cents réformés furent massacrés, femmes et enfants non compris. Cette horrible boucherie fut appelée le *Meurtre de la Valteline*. Coupables dans le fait, les meurtriers étaient excusés par les circonstances. « C'était, dit le protestant Juvalta, une conséquence naturelle des violences exercées par les tribunaux criminels de Thusis et de Davos qui avaient enflammé l'irritation des sujets. »

Le parti réformé fut dès lors contraint de compter avec les catholiques. Les Planta furent rappelés de l'exil, et Rodolphe entra dans la vallée de Münster avec une armée autrichienne.

Les chefs d'émeute se retirèrent dans le village de Grüsch, en Prätigau, attendant une occasion propice à de nouvelles factions.

Cependant une atmosphère lourde, étouffante, régnait sur l'horizon politique : elle présageait un formidable orage : il ne tarda pas à éclater. Depuis son retour, Pompée Planta demeurait au château de Prietberg, dans la vallée de Domschleg. Le 25 février 1621, au matin, une horde dirigée par les prédicants George Jematsch et Blaise Alexandre l'assassina dans sa demeure.

Devant tant de forfaits, même après l'assassinat de son gouverneur, l'Autriche ne s'était pas émue. Elle sortit enfin de son apathie et fit valoir d'une manière énergique ses droits sur les Juridictions. Cette conduite fut vue de bon œil dans les trois Ligues, fatiguées des horreurs de la guerre civile. Comme l'écrivait le commandant de la ville, Stuber d'Augsbourg, au réformé Juvalta : « Chacun reconnaissait que la mesure des crimes avait débordé. »

Les Ligues, dans le but d'échapper à la vengeance de l'Autriche, demandèrent à s'arranger à l'amiable. Du reste, la misère les y contraignait. Ainsi saint Fidèle écrivait, le 16 août 1621, à son ami l'abbé Placide Vigel de Mehrerau : « Les Grisons sont réduits à une telle pénurie de sel qu'ils doivent payer six bachs ce qu'un individu peut tenir dans les deux mains étendues (1). » Toutefois, malgré cette détresse, la passion féroce des hérétiques n'était pas calmée. Pendant que les citoyens les meilleurs, dans l'intérêt

1 *Grisones dicuntur ad tantam inopiam salis aducti, ut 6 baccis quantum quis utraque manu extensa ferre potest coemere cogantur.*

du pays, négociaient à Imst, avec le représentant de l'archiduc Léopold V, les réformés ourdissaient de nouveaux complots. Leurs préparatifs furent exécutés avec si peu de retenue, que l'archiduc, irrité, ordonna à ses troupes de Feldkirch et de Montafou, de venir occuper les passages du Prätigau; en même temps il fit augmenter les fortifications de Vaduz et y transporta la massive artillerie d'Innsprück. De toutes parts on s'écriait : « Les Ligués marchent déjà contre les troupes autrichiennes! » La rumeur était vraie. Du nord au sud, les révoltés prêchaient de nouveau la guerre; une bande, dirigée par les prédicants Jematsch et Blaise Alexandre, pillait même, en Obergadine, le château-fort de Rhazuns, propriété de l'archiduc Léopold.

C'en était trop : les députés grisons furent aussitôt renvoyés d'Imst, et la guerre déclarée. Les Autrichiens et les Espagnols battirent les rebelles dont les chefs furent sévèrement punis, et par le traité de Milan (janvier 1622) réparèrent les désastres de la guerre religieuse. Par ce traité, l'archiduc obtenait le droit de tenir pendant douze années consécutives une garnison militaire à Coire et à Mayenfeld.

Le traité fut reconnu et signé à la diète de Hanz.

Par cette esquisse du champ de bataille de saint Fidèle, on voit quel grand malheur la Réforme fut pour les Grisons, et combien féroce était l'opiniâtreté de ces derniers. C'est contre eux que notre héros va combattre, ou plutôt en leur faveur, puisqu'il travaillera, mais en vain, à les ramener dans le chemin de la vérité et de la vertu. Nous allons le suivre dans l'arène glorieuse que plus tard il arrosera de son propre sang.

CHAPITRE XIV

PREMIERS COMBATS

> *Militia est vita hominis super terram.*
> (Job, VII, 1.)
> La vie est un combat dont la palme est aux cieux. (Lamartine.)

Escarmouches en Rhétie. — Fureurs des prédicants. — Conversion de Rodolphe de Gugellberg et de Conradin de Malans. — Apologies. — Efficacité de l'apostolat des Capucins. — La mission de la Rhétie est fondée. — Saint Fidèle est désigné pour le Prätigau.

Au milieu de ces révolutions politiques et religieuses, saint Fidèle ne craignait pas d'évangéliser les Rhétiens. Bien connu de l'évêque de Coire, estimé et aimé des soldats autrichiens dont il restait l'aumônier, il se rendait souvent dans les principautés de Mayenfeld et de Malans. En 1621, à Mayenfeld, il prêcha avec un brillant succès la station de l'Avent. Les prédicants ne le lui pardonnèrent point : l'un d'eux, Barthélemi Anhorn, écrivait : « Le 20 novembre, un Capucin de Mayenfeld a prêché dans l'église et a attiré dans le pays une foule de capucins et de prêtres. » Anhorn avait mille fois raison de vomir sa bile contre l'intrépide soldat de Jésus-Christ. A la différence des ministres de l'erreur, Fidèle prêchait la soumission à Dieu et à l'autorité légitime; Anhorn et les siens prêchaient la révolte.

La colère des ministres de l'erreur était encore excitée par les conférences du Saint sur les points controversés. Avec une lucidité parfaite il étalait au grand jour les mensonges des hérétiques et les preuves de la vraie foi. A son éloquence et à son érudition, la sainteté de sa vie ajoutait une si grande force que l'on voyait des protestants loyaux mépriser les prédicants et les regarder à bon droit comme des révolutionnaires politiques.

L'activité du Saint chez les Grisons était infatigable. Suivant la relation de son compagnon, il travaillait avec acharnement à ramener les dissidents au sein de l'Église catholique (1). A Flasch, il prêcha souvent deux fois par jour aux soldats et aux habitants, réformés pour la plupart et peu instruits (2), et passait de longues heures à entendre les confessions. Un grand nombre eurent le bonheur d'abjurer l'hérésie.

Suivant un écrivain (3), il accomplissait des miracles très nombreux. Lui-même paraissait un miracle vivant. Un soldat, de ses auditeurs assidus, a déclaré qu'il était brûlant d'amour pour Dieu et pour le salut du prochain, et vivait dans la plus haute perfection (4).

L'une des premières conquêtes du Saint fut

1. Fr. Synésius.
2. Jean Joduci, prédicant.
3. Chistophe Römer.
4. Jacques Jekle.

celle du seigneur Rodolphe de Gugellberg, à Malans. La piété avec laquelle le Père récitait son office (c'était toujours à genoux, même au milieu des soldats) avait produit sur lui une vive impression. Il lui demanda et obtint une entrevue pour discuter sur les dogmes religieux. On convint du jour et des principaux sujets à traiter, entre autres la présence réelle de Jésus-Christ dans la sainte Eucharistie, le saint sacrifice de la messe, la confession, le Pape et les indulgences. Au jour fixé, saint Fidèle, plein d'espoir de conquérir cet hérétique à la vérité, l'instruisit sur la foi catholique, et le pria de lui soumettre ses objections. L'entretien s'était prolongé bien avant dans la nuit.

Ne sachant comment échapper à ce torrent de preuves irrésistibles, de Gugellberg demanda un sursis dont il profita pour conférer avec un ministre protestant sur les moyens de convaincre le Capucin. Tant qu'il ne s'agissait que d'écouter les preuves données, le prédicant fit bonne contenance; mais quand Rodolphe de Gugellberg sollicita des arguments à opposer à ceux du P. Fidèle, il perdit sa bienveillance et refusa de répondre. Rodolphe comprit la raison de ce refus; c'était l'impossibilité de la riposte. Devant cette faiblesse de doctrine, il reconnut la fausseté de la religion prétendue réformée, se déclara catholique et alla se jeter aux pieds du missionnaire, le suppliant de le confesser et de lui donner la sainte Eucharistie.

A Gugellberg succéda un autre seigneur

nommé Conradin de Malans. Converti à son tour par les prédications du Saint, il eut à endurer de la part de ses anciens coreligionnaires de nombreuses vexations à cause de son retour à la vraie foi : il les supporta avec une fermeté qui ne se démentit jamais.

Beaucoup d'autres protestants revinrent a la vraie foi à la suite des prédications ou de quelques entretiens intimes avec le P. Fidèle.

Toutefois, malgré son zèle dévorant, l'apôtre ne pouvait avoir accès auprès de tous les égarés. Ce fut en leur faveur qu'il composa plusieurs apologies qu'il fit distribuer au loin (1). Cet apostolat par l'écriture fut fécond; convaincus de la fausseté de la Réforme, les hérétiques embrassèrent en grand nombre la religion catholique (2).

Tous ces travaux ne faisaient pas oublier à l'aumônier militaire ses chers soldats. Il le prouva d'une façon exceptionnelle durant une épidémie qui éclata dans les rangs de l'armée autrichienne. On le voyait partout, prodiguant aux malades tous les secours spirituels et corporels. C'est à ce moment qu'on songea à pourvoir la Rhétie d'un nombre suffisant d'ouvriers apostoliques : la moisson était très abondante, et saint Fidèle, quelque vaillant qu'il fût, ne pouvait suffire à la tâche

1. Ces apologies existeraient-elles dans quelque bibliothèque d'Allemagne, ou bien auraient-elles été détruites par les hérétiques? Nous inclinons vers la seconde hypothèse.
2. Jean-Jacques Molser.

de plus en plus importante. Le Ciël allait combler le déficit.

Le traité de Milan avait enfin ramené la paix dans la région, et mis en vigueur un moyen radical de la perpétuer : c'était l'interdiction faite aux apostats étrangers de séjourner dans le pays.

Les prédicants n'étaient pas compris dans le décret; quoique vaincus ils ne désarmaient pas et continuaient à étaler leur impudence et s'arroger le plus de pouvoir possible dans la République. Il s'agissait donc de préserver les catholiques de leur contact et de les réveiller de l'indifférence regrettable qui avait pris une large place jusque dans les milieux ecclésiastiques.

A ce rude labeur il fallait des ouvriers spéciaux. L'autorité ecclésiastique et l'autorité civile furent unanimes à choisir les Frères-Mineurs Capucins. Déjà en 1604, l'évêque de Coire, Jean V, les avait appelés dans son diocèse, ainsi que dans l'Engadine et la Valteline pour y combattre l'hérésie toujours croissante. « Je suis fermement convaincu, écrivait-il au Père Provincial de la Province Brescia-Milan, que le rétablissement de la paix religieuse dans nos domaines, où la religion doit lutter pour son existence, dépend pour beaucoup de la présence des missionnaires Capucins (1). »

Le pape Paul V tenait à peu près le même

1. *Ausim dicere Ecclesiæ restaurationem hisce nostris in regionibus, in quibus religio valde periclitatur, a P. P. Capuccinorum præsentia non parum pendere.*

langage en priant le Rme P. Clément de Noto, ministre général des Capucins, d'envoyer quelques-uns de ses religieux pour répandre et fortifier la foi catholique à Coire et dans les autres contrées de la Rhétie. « C'est un fait acquis à une longue expérience que les Capucins, dont le genre de vie imite si bien celui des apôtres, sont les plus aptes à ces travaux apostoliques (1). »

Dans la bulle de canonisation de notre Saint, Benoît XIV rappelle la même vérité. « Pour opposer un rempart à l'envahissement de l'erreur dans la Rhétie, nos prédécesseurs Paul V et Grégoire XV ont jugé utile de choisir des missionnaires dans l'Ordre des Mineurs Capucins (2). »

Les protestants étaient eux-mêmes étonnés de voir des princes élevés par d'autres religieux, tels que Maximilien de Bavière, Ernest et Ferdinand d'Autriche, appeler des Capucins pour préserver leurs peuples de l'hérésie. L'un d'eux fait à ce sujet les réflexions suivantes : « Persécutés par la haine de leurs frères dégénérés, les Capucins se distinguaient par une grande pureté de mœurs, par une activité désintéressée pour le salut des âmes et par l'aus-

1. *Quoniam, diuturno experimento compertum fuerat Capucinos, sicuti apostolicam vivendi formam adeo egregie et fideliter imitantur, ita omnium aptissimos esse apostolicis hisce muneribus obeundis, ii potissimum inter ceteros delecti sunt, quibus id muneris committeretur.* (Rocco da Cesinale, p. 55.)

2. *Bullaire des Capucins*, tome VII.

térité de leur vie. Le peuple, pour qui les Jésuites étaient trop loin avec leur science étrangère et leur grande politique, se sentait attiré vers les Capucins qui allaient d'un endroit et d'un pays dans un autre, qui étaient comme chez eux dans les plus basses chaumières, et qui rendaient évidente pour les pauvres cette sentence de l'Évangile, *que le royaume du Ciel est à eux,* en ce qu'ils renonçaient à toutes les jouissances et commodités de la vie terrestre. Dans la bouche d'un moine barbu et pieds nus, qui n'avait que sa robe, qui couchait sur le plancher, la doctrine enseignant que le chrétien doit crucifier sa chair et ne porter la considération que vers la patrie céleste, parce qu'il est un étranger et un pèlerin sur la terre, paraissait beaucoup plus convaincante; la consolation, que les souffrances de ce temps n'ont pas de proportion avec la gloire future qui les couronnera, faisait une impression bien plus profonde que dans la bouche d'un riche prélat ou d'un Jésuite à la prudence mondaine. De là, la faveur que Ferdinand montrait aux Capucins; et le grand nombre de couvents qu'il leur bâtit était très utile pour ses plans de conversion (1). »

Cet aveu d'un protestant confond ceux qui ont persécuté les missionnaires Capucins et mis à mort saint Fidèle qu'ils appelaient *oppresseur du peuple.*

La mission des Capucins établie en 1614 dans

1. MENZEL, tome 5, ch. XXV.

l'Engadine par Jean V, évêque de Coire, reçut un nouvel élan dès les premiers jours de 1621. A la demande du pape Paul V, le Général des Capucins désigna quelques religieux à la tête desquels il plaça le P. Ignace de Bergame, missionnaire doué par Dieu d'une force d'esprit incomparable et d'un grand zèle apostolique. Il jouissait d'une haute considération près du Saint-Siège (1). La sainte escouade se mit en route pour la Rhétie en janvier 1621.

Dans l'intervalle, le pape Paul V mourut; Grégoire XV, qui lui succéda, et son neveu le cardinal Ludovic rappelèrent à Rome le Père Ignace, afin qu'il rendît un compte exact de la mission.

Sur le rapport du Père, Grégoire XV envoya comme nonce à Lucerne l'énergique Alexandre Scappi, évêque de Campanie, avec charge d'agir de concert avec l'évêque de Coire pour l'extension de la religion catholique dans la Rhétie. En même temps il adressa à Léopold V un Bref par lequel il l'invitait à des démarches analogues. « Il ne suffit pas d'avoir rendu ce pays à l'Autriche, il faut encore l'arracher à la tyrannie des puissances de l'enfer... A cette fin, il

1. *P. Ignatius Bergomas apud sedem Apostolicam satis notus, cujus zelo et opera omnes vallis Sanctæ Mariæ incolæ abjurata hæresi, catholicam religionem amplexi sunt.* (Rodolphe RAINALDI, *Lettre à la Sacrée Congrégation de la Propagande, 12 décembre 1622.*)

D'après cet auteur il fallait attribuer au P. Ignace le retour à la foi catholique des habitants de la vallée de Sainte-Marie. (P. ROCCO DA CESINALE, tom. II, p. 58.)

faut y introduire les Capucins, Jésuites ou autres ouvriers de la vigne du Seigneur; des apôtres qui devront brûler avec le feu de l'amour de Dieu et sarcler avec le glaive à deux tranchants de la parole, ce champ de Dieu, jusqu'à présent couvert d'ivraie, cette terre qui ne produit au lieu de blé que des chardons, et des épines au lieu du pur froment. Qu'ils l'enrichissent désormais de semences dont les fruits apporteront un exceptionnel bonheur aux chœurs des anges et au Père de famille éternel (1)... »

L'archiduc qui avait vu les Capucins à l'œuvre, et surtout le P. Fidèle de Sigmaringen, dont le dévouement pour les soldats et pour la réforme des mœurs lui était connu, n'hésita pas à les demander pour défricher ce sol des Grisons où les vices avaient jeté de si profondes racines. A cet effet, il envoya la lettre suivante au P. Matthias de Reichenau, ministre Provincial :

« Léopold, par la grâce de Dieu, etc.

« Très Révérend, bien-aimé de Nous,

« Nous ne doutons pas que l'état actuel des choses en Haute-Rhétie ne vous soit connu, et nous vous communiquons notre pensée sur la manière dont nous devons nous débarrasser de l'erreur et installer sans alarme et sans révolte la religion catholique. Dans ce but, nous avons

1. Bref du 6 janvier 1622. — *Bullaire de l'Ordre,* tome II, p. 351.

jugé nécessaire que quelques Pères de votre Province soient envoyés dans l'Engadine.

« Nous vous prions donc instamment de répondre à nos intentions et d'envoyer là-bas deux ou plusieurs missionnaires.

« Pour cette œuvre bonne, chrétienne et digne de votre Ordre, vous serez certainement récompensé par le Tout-Puissant. Aussi croyons-nous que l'Ordre tout entier ne manquera pas de nous prêter le concours nécessaire à notre projet.

« Avec notre salut archiducal.

« Donné à Fribourg-en-Brisgau, le 16 janvier 1622. « LÉOPOLD. »

Le nonce apostolique avait déjà maintes fois formulé la même demande. En face de si pressantes sollicitations, le Père Provincial ne pouvait hésiter. Après avoir consulté son conseil, il désigna le P. Fidèle pour cette mission ardue et périlleuse et lui adjoignit le P. Alexis de Kurweiler et le P. Jean de Krüwangen.

Sur l'ordre du nonce, le P. Alexis se rendit à Coire au commencement de février 1622, pour demander à l'évêque des renseignements sur le champ de son apostolat. Le P. Fidèle reçut en partage la part la plus difficile, la terre qui allait boire son sang, le Prätigau. Nous l'avons vu : cette vallée avait été le principal théâtre des erreurs politiques et religieuses. L'apôtre accepta avec enthousiasme et se prépara au départ.

CHAPITRE XV

EN PRATIGAU

Circumdederunt me sicut apes et exarserunt sicut ignis in spinis. (Ps. 117, v. 12.)

Plus ardents qu'un essaim d'abeilles en fureur,
Que la flamme qui court dans un buisson d'épines,
Ils semaient sur leurs pas la mort et les ruines :
Par le Nom de mon Dieu, je suis resté vainqueur.
(*Livre des Psaumes.* Abbé LOMBARD.)

Description du Prätigau. — Arrivée du P. Fidèle. — Seewis. — Premières batailles. — Rage des prédicants. — Sociétés secrètes. — Colloque de Coire. — Prospérité de la foi catholique. — Les prédicants Simon et Lucius Pappa. — Projets d'attaque.

A gauche de Malans s'ouvre un défilé qui conduit dans le Prätigau : c'est la Clus (1). Bordée de deux murailles de montagnes couronnées de forêts, au milieu desquelles la Lanquart a creusé son lit et roule ses eaux en torrent, la gorge est d'aspect magnifique. A l'entrée, au pied des rochers qui lui servent pour ainsi dire de toiture, est assise la forteresse de Ferporta, ou Racstein, dont les murs d'enceinte confinent avec la rive du fleuve. A deux kilomètres plus loin commence le Prätigau.

La contrée est ravissante, soit au printemps

1. Clus ou Klus est une gorge des Grisons par laquelle on entre dans le Rheinthal du canton de Saint-Gall.

quand les arbres fruitiers, dans des vergers immenses, se développent en une floraison diaprée sur un fond de verdure ; soit en été, par les multiples colorations que donne le soleil aux champs et aux prairies (1).

Par contre, l'hiver y est triste et dur. Les champs de neige s'y succèdent en couches de plus en plus épaisses ; un vent sibérien fait tourbillonner des cristaux de glace dans les airs.

L'hiver sévissait dans toute sa rigueur quand Fidèle vint y commencer sa mission. Le Prätigau avait renoncé depuis peu à la foi catholique (1608). Ses habitants, au regard étincelant, à la taille élancée, aux muscles athlétiques, étaient fanatiques et farouches, comme le sont d'ordinaire les apostats.

Le premier village que le missionnaire aperçut fut Seewis, assis sur une charmante colline qui paraissait la privilégiée des rayons du soleil. Longtemps ce village avait lutté contre l'envahissement de l'hérésie, mais son opiniâtre et louable résistance d'autrefois, changeant d'objet, s'était transformée en une incompréhensible rage hérétique.

Le héros prit possession du terrain en célébrant, dans le mystère de la nuit, l'auguste sacrifice de la messe. Son action de grâce terminée, il se releva fort comme le lion ; il avait bu au calice qui enfante les martyrs. De son crucifix semblait sortir cette divine supplication : « Des

1. Ce mot Prätigau vient des expressions latines : *Vallis pratorum*.

âmes ! des âmes ! donne-moi ces âmes pour lesquelles je suis mort sur la croix. » Les âmes ! le vaillant apôtre va s'élancer à leur poursuite avec les compagnons de son héroïsme.

Les premières batailles qu'il eut à soutenir lui vinrent des prédicants de l'hérésie. Comme l'un d'eux l'a déclaré après sa conversion : « Ils rageaient de voir ces religieux se poser avec une telle ardeur en face de l'hérésie et opérer des conversions si nombreuses (1). » — « Ils prêchent avec une si grande clarté, criaient-ils, leur zèle est si ardent, et leur vie est si réglée, si pure, que si on les laisse agir, bientôt toute la Haute-Rhétie retournera au catholicisme. » — « C'est votre faute ! répondait un ministre ; vous n'avez point d'énergie, et vous ne vous livrez à aucune étude sérieuse ; voilà pourquoi vous ne pouvez lutter contre ces Capucins (2) ! »

Chaque jour de nouveaux faits venaient affirmer les progrès de la mission et enflammer la rage des réformés. Des colporteurs calvinistes venus de Mayenfeld, de Malans et d'autres lieux, parcouraient la Haute-Engadine en publiant les éloges des missionnaires, ils vantaient leur patience, leur bonté et la pureté de leurs mœurs. « Enfin, ajoutaient-ils à leur grand regret, leur vie est irréprochable. » Un prédicant, à qui on reprochait sa sympathie mal dissimulée pour les Capucins, répondit : « C'est avec raison que je les estime, je ne puis faire autre-

1. Jean Jodoci.
2. Simon de Ludovicis.

ment, car ils vivent comme des saints (1). »

Entre tous, le P. Fidèle brillait par la perfection de ses vertus et par une étonnante érudition. Écrasés par l'évidence des faits, les hérétiques ne pouvaient se défendre de l'admirer; mais ils lui reprochaient un crime capital : celui de vouloir abolir la foi réformée.

Tremblant pour l'avenir de leur fausse religion, ces calvinistes songeaient aux moyens d'arrêter le missionnaire. Les pasteurs, plus intéressés que pas un dans la cause, frémissaient de rage contre lui, parce qu'ils voyaient leur prétendue doctrine si solidement réfutée. « Que faire ? s'écriaient-ils; nous passerons désormais pour de faux docteurs aux yeux du peuple. »

Ces triomphes, au lieu de faire disparaître la taie de leurs yeux, ne servaient qu'à les aveugler davantage, à envenimer leur haine contre un homme dont ils avaient un commun intérêt à se débarrasser. Pour y réussir, les principaux d'entre eux s'assemblèrent en conciliabule afin de concerter ensemble les plus sûrs moyens d'arrêter le cours de ces prodigieux succès. On convint que l'expédient le plus facile était d'exciter une sédition parmi le peuple, de pousser les esprits à la révolte, sous le prétexte spécieux de se soustraire à la domination trop dure de la maison d'Autriche, espérant que, une fois secoué le joug de l'archiduc Léopold qui était si zélé pour la foi, il n'y aurait plus un seul catho-

1. Pierre Bardi.

lique et surtout plus un seul Capucin qui osât paraître en Rhétie.

Ce projet fut en principe universellement approuvé.

Pour mieux réussir dans leurs desseins, les ministres établirent dans tout le pays un réseau de sociétés secrètes, à peu près organisées sur le plan de la franc-maçonnerie.

Ces sociétés étaient distribuées en *communautés* ou *sections*, ayant à leur tête un président, assisté de trois conseillers et d'un secrétaire. Plusieurs sections formaient un *Cercle*, dont le chef s'appelait *doyen*. Enfin, tous les cercles obéissaient à un président absolu.

La Haute-Rhétie était infestée de trois cercles comprenant en tout trente-six sections : le groupe des prédicants de chaque section s'appelait le *colloque évangélique*. Chaque année, tous ces prédicants tenaient une assemblée générale qu'ils appelaient *chapitre* ou *synode* (1). Personne ne pouvait, sans motif très grave, se dispenser d'y assister. La réunion débutait par l'élection du président absolu, de quatre assesseurs, des doyens, du secrétaire et du personnel de la direction. Les élections se faisaient par vote secret. La plus intéressante était celle des prédicants. Le synode proposait trois ou quatre individus qui restaient libres de choisir leur champ d'action, mais les candidats étaient sou-

1. Ce synode se tenait le jour où les catholiques célébraient la solennité de la Fête-Dieu, et jamais deux fois de suite dans le même cercle.

vent rejetés, et force était quelquefois de procéder à plusieurs tours de scrutin pour obtenir des élus.

Ces assemblées, dont l'objet principal était la discussion des moyens à employer pour détruire la religion catholique et propager l'erreur, n'abritaient pas souvent la concorde dans leur sein. C'était à qui l'emporterait sur son voisin; mais quand on travaillait sur le terrain religieux, le cri de détresse chassait la discorde et ramenait pour un moment l'union de la haine commune.

Entre les nombreuses décisions barbares écloses dans ces repaires de l'enfer, l'histoire en mentionne une, cruelle entre toutes, et réalisant une fois de plus la parole du Christ au sujet des hypocrites persécuteurs : « Vous les reconnaîtrez à leurs fruits (1). »

La section appelée *lien de la maison de Dieu* était réunie près de Coire. Le président, du nom d'Alexis, nouvel arrivé de Genève où il avait exercé l'office de prédicant, proposa à l'assemblée un moyen de combattre le catholicisme et d'étendre la réforme; c'était l'établissement d'un collège évangélique à Sondrio. Deux grosses difficultés semblaient rendre ce projet irréalisable. D'une part, les catholiques, très nombreux à Sondrio, s'opposaient de toutes leurs forces à la fondation de cet établissement. « Pour vaincre leur résistance, ajouta le président, nous leur laisserons la liberté de fonder

1. Matth., VII, 16.

un collège catholique. » Mais, restait l'obstacle le plus redoutable, c'était l'archiprêtre de Sondrio, Nicolas Ruska. Les réformés le comprenaient : tant qu'il vivrait, il ne tolérerait jamais l'érection d'un collège protestant. Que faire? Après mûre réflexion, on adopta un expédient radical : hâter la mort de l'adversaire par tous les moyens possibles; et, comme nous l'avons écrit plus haut, le digne prêtre fut assassiné.

Cette violence ne fit pas avancer les affaires des hérétiques : leur prestige s'affaiblissait à vue d'œil; ainsi, deux ans après le crime, malgré de violents efforts, ils ne purent tenir leur synode à Malans. « Le Capucin Fidèle, disaient-ils, a captivé l'amitié du pays. Nous avons à redouter à présent non seulement les catholiques, mais encore les réformés qui ont embrassé le parti des princes *papistes.* »

En dédommagement, ils firent la visite des communautés et étudièrent les moyens d'arrêter les progrès des Capucins. C'était en vain : plus ces soi-disant serviteurs de la parole excitaient la multitude contre le catholicisme, plus la multitude accourait aux missionnaires. La morale de ces derniers n'était pourtant pas très attrayante : ils enseignaient au peuple à combattre et à dompter ses passions, tandis que les prédicants enseignaient plutôt la morale libre, c'est-à-dire la liberté de s'adonner à la révolte et aux désordres.

Les historiens ont une mention spéciale pour un colloque tenu dans la Haute-Engadine, sous la présidence de Lucius Pappa, ministre sectaire, digne fils d'un père et d'un grand-père apostats, et doyen du cercle de la *maison de Dieu*. Suivant le rapport d'un ancien historien de saint Fidèle (1), un certain Simon prit la parole et prononça ce discours que l'on croirait vomi de la bouche de Satan : « Mes chers amis, sortis des ténèbres dans la lumière de la vérité, grâce à nos réformateurs de l'Évangile, nous voyons à présent notre religion dans une situation déplorable. Elle a décliné depuis que les Capucins parcourent la Rhétie en propageant partout les lois *papistes*. Les peuples se détournent de nous, quoique leurs chefs aient rejeté la foi romaine pour embrasser la nôtre. Les noms de Luther, de Calvin, de Zwingli, sont profanés par ces perfides missionnaires qui infligent à nos réformés les épithètes d'imposteurs, de révoltés, de scélérats, de propagateurs de tous les vices. Les populations se rangent à leurs conseils — vous le constatez de vos propres yeux — attirées par leur étroite pauvreté, la rudesse de leurs vêtements, leur austérité de vie et leur mépris des biens du monde. Déjà un grand nombre de familles aristocratiques, qu'ont imité une foule de celles du peuple, marchent sous le drapeau de leur religion. Si nous restons inactifs, c'en est fait de notre liberté, de nos institutions, de nos ancêtres, de notre religion et du prestige de notre classe. Vous savez tous

1. *Vita S. Fidelis a Sigmaringen, a P. Sylvestro a Mediolano*, p. 97.

que cette race de pouilleux, de déguenillés, obéit à ce P. Fidèle, qui est l'ennemi acharné de nos personnes et de nos institutions. Vous savez que cet astucieux a fait détruire tous les livres qui enseignent nos dogmes. Grâce à lui, le sénat de Feldkirch a condamné tous ces livres... Vous savez par quels artifices et quelle hypocrisie il a su captiver la bienveillance de l'archiduc et de ses ministres. En tout cela il n'a qu'un but : nous perdre et détruire notre religion. Et nous, nous resterions dans l'indolence et la paresse ! Allons ! combattons ce criminel qui nous en veut et en veut à nos lois : il faut le détruire par n'importe quel moyen ; il le faut ! »

Électrisés par ce discours, tous s'écrièrent : « Mort ! mort au P. Fidèle ! tuons-le ! »

Pour assurer leur dessein, Lucius Pappa, le plus cruel de tous, déclara d'urgence l'adoption de deux projets : le premier, d'envoyer une ambassade à Son Altesse Monseigneur le duc Léopold. « Cette ambassade, dit-il, affirmerait au duc que les habitants se soumettent à sa puissance ; mais elle réclamerait que, à l'exemple d'autres princes, Son Altesse les laissât libres de pratiquer la nouvelle religion. Ensuite, à nous de prêcher au peuple la nécessité d'éviter tout contact avec les missionnaires, de ne pas fréquenter leur culte, de ne pas écouter leurs discours, enfin de n'avoir avec eux aucun rapport, surtout avec le P. Fidèle. En second lieu, il faut exciter les Rhétiens à la révolte. Une fois éloignés de leur prince catholique, ils détesteront bien vite le joug de l'Église romaine. Les prédicants devront donner l'exemple de la soumission ; car quelques-uns d'entre eux manifestent ouvertement leur sympathie pour les chefs papistes. »

Ainsi parla Lucius. Son plan fut approuvé à l'unanimité des voix et transmis à tous les colloques et à toutes les communautés. En partie exécuté, il provoqua plus tard la révolte dans la Basse-Engadine et le Prätigau contre le sceptre de Léopold V, archiduc d'Autriche.

De cette conjuration de l'enfer, quelle sera la conséquence pour notre Saint ? Nous le verrons bientôt.

CHAPITRE XVI

TOUJOURS L'ENNEMI

Observabit peccator justum, et stridebit super eum dentibus suis. (Ps. 36, v. 12.)
L'impie a pour le juste un regard plein de haine. Il grince des dents contre lui. (*Livre des Psaumes*. Abbé LOMBARD.)

Mœurs des Prätigoviens. — Circulaire de Louis de Baldirone. — Stratégie du P. Fidèle. — Dom Placide de Mehrerau. — L'obstacle le plus puissant. — Conversions. — Rodolphe de Salis. — Son abjuration éclatante. — Nouvelle moisson. — Ministère auprès des soldats. — Compagnons du Saint.

C'était une œuvre surhumaine que la mission de saint Fidèle dans le Prätigau : elle réclamait une âme trempée du courage héroïque des premiers chrétiens : « Ce peuple est grossier, ses mœurs le prouvent. Il tyrannise les évêques, les religieux et les autres prêtres. La foi catholique est en grande partie détruite, on la hait. Les prédicants ne reculent devant aucune calomnie; ils imputent au clergé romain les vices les plus affreux. » Tel était le peu consolant certificat de bonnes mœurs que Jean V, évêque de Coire, écrivait aux premiers jours de 1622, au Souverain Pontife.

Avant l'inauguration de cette mission, Louis de Baldirone, gouverneur autrichien résidant à Coire, envoya aux principales familles de la vallée une lettre annonçant que l'archiduc Léopold leur recommandait quelques religieux capucins qui arrivaient dans le pays. Les habitants du Prätigau répondirent qu'ils recevraient ces religieux avec respect et bienveillance, leur donneraient l'hospitalité avec plaisir, mais à une condition, celle de ne pas chercher à renverser la foi évangélique (1). Que les Prätigoviens aient donné cette réponse restrictive avec conviction, les événements postérieurs allaient le prouver.

Saint Fidèle ne prévit que trop les persécutions qui l'attendaient. Il les annonça à des personnes de Feldkirch, avant son départ, ajoutant qu'il serait certainement mis à mort.

En stratégiste intelligent, il organisa une guerre en règle contre l'erreur. Aux sermons des prédicants, il substituait sa parole ardente; à leurs mauvais exemples, la sainteté de sa vie. On le vit d'un air intrépide annoncer les vérités catholiques à la face des hérétiques les plus obstinés, proposer aux principaux de leur secte des conférences contradictoires. Avant de descendre de chaire il invitait les auditeurs à venir discuter avec lui dans des entretiens particuliers.

1. A lire la vie peu édifiante de ces hérétiques, on s'indigne de les voir se parader des mots : *évangélique, serviteur de la parole du vrai évangile,* etc. C'est un comble d'hypocrisie.

Brûlant d'un feu tout divin, il n'épargnait rien pour conquérir les âmes à Jésus-Christ. Charitable pasteur, il courait partout à la recherche des brebis égarés, dans les villes, les bourgades, les plus petits hameaux, jusqu'aux maisons perdues sur quelque rocher ou dans quelque recoin de montagne. Au mépris de sa vie, avec le danger imminent de périr, il volait sur les monts escarpés, entourés de précipices, en des lieux déserts, couverts de neige, pour évangéliser de pauvres gens comme ensevelis sous le toit de leurs chaumières. Quand il connaissait quelque bien à accomplir rien ne l'arrêtait, ni la faim, ni le froid, ni la glace, ni le débordement des rivières. Visiter les malades, administrer les sacrements, recevoir l'abjuration des protestants convertis, confirmer les fidèles dans la foi, il ne reculait devant aucun de ces travaux du ministère sacré.

Ses occupations étaient si nombreuses qu'il ne pouvait s'en arracher. En vain son ami intime, Dom Placide de Mehrerau le conjurait de venir passer quelques jours dans son monastère de Bregenz. « C'est impossible, répondait le P. Fidèle, mes nombreuses sollicitudes m'enchaînent sans cesse (1). »

Le 6 avril 1622, il lui écrivait encore : « L'ardent désir dont votre Révérendissime Paternité

1. *De meo ad V. Reverendissimam Paternitatem adventu, nihil possum polliceri. Collegatæ namque causæ me quasi insolubiliter hic affixum tenent* (16 août 1621). L'original de cette lettre est à Feldkirch.

brûle depuis longtemps de me voir, me cause moins de joie que de chagrin, parce que je ne puis le satisfaire. Un travail excessif me retient dans la Rhétie (1). » D'ordinaire ses lettres finissaient par des expressions qui répondent aux mots français : à la hâte, à la course, au vol! *Raptim, raptissime.*

Epuisé par les travaux du jour, il n'avait souvent pour abri durant la nuit que quelque misérable cabane de berger, couverte de branches d'arbres mal agencées et laissant tomber des glaçons ; ou quelque pauvre étable abandonnée, exposée à toutes les injures de l'hiver. Il n'était pas rare que son repas se composât d'un morceau de pain sec et dur.

Son compagnon, le P. Jean, a écrit : « Aux jours de jeûne nous avions à peine un repas le soir. Le P. Fidèle jeûna toujours quoiqu'il eût plusieurs prédications qui l'occupaient toute la journée et dans des localités différentes, et qu'il fût épuisé par ses longues courses à travers la pluie et la neige (2). »

Se mortifier paraissait être son bonheur. Un jour Mme Suzanne Pappus, apprenant que le Père et ses compagnons revenaient d'une expédition pénible, leur prépara un mets fortifiant, mais recherché, dans le but de réparer leurs

1. *Deinde quod Reverendissima Dominatio meum adventum tam avide expectari, non tam gaudeo quam doleo, quia comparere non potuerim, propter improbum, quem Rhætia mihi facessit, laborem.* L'original de cette lettre est à Sigmaringen.

2. Procès de Coire.

forces épuisées par la prédication et le jeûne. Le Saint lui fit dire qu'il ne pouvait accepter cette nourriture trop luxueuse et il refusa de prendre le repas qui lui était destiné.

Son sommeil était court. D'ordinaire il employait ses nuits à préparer ses instructions et à prier pour les hérétiques. Leur endurcissement lui arrachait des larmes. « Mon Dieu, pardonnez-leur; convertissez-les ! » s'écriait-il; et pour eux il offrait à Dieu ses austérités et ses fatigues.

Dans ses courses apostoliques, il cherchait d'abord à ramener les chefs des populations, persuadé que le peuple les suit et qu'ils sont d'un puissant secours pour la conversion des classes inférieures. Le peuple n'était pas pour cela négligé; il était au contraire l'objet de sa particulière sollicitude. Son compagnon l'a attesté : « Envers tous il déployait une grande bienveillance. Visiter les pauvres, les déshérités de ce monde, converser avec eux, les instruire, les consoler; ce fut son labeur de chaque jour, labeur dont il s'acquittait avec une plus grande ardeur encore à la fin de sa vie.

Saint Fidèle rencontra, lui aussi, l'obstacle le plus insurmontable et le plus désespérant pour tous ceux qui travaillent au salut du prochain, les attachements criminels. « Beaucoup d'entre eux, disait-il, ont injustement répudié leurs épouses légitimes pour vivre avec des femmes hérétiques; ils ne veulent absolument pas s'en séparer. » Leurs chefs, Martin Luther, Théodore de Bèze et Calvin étaient, eux aussi, enchaînés par ces liens.

Malgré cet obstacle, il avait le bonheur d'être la cause et le témoin d'un grand nombre de conversions, moins nombreuses pourtant dans le Prätigau qu'à Mayenfeld et à Malans. Un jour, chez un bourgeois de Grüsch, en présence de l'élite de la société, il prononça un discours sur l'apostolicité de l'Église romaine avec une telle érudition et une si grande force de conviction qu'il força les auditeurs à s'étonner de leur résistance à la conversion. « Pourquoi donc ne sommes-nous pas catholiques ? » se disaient-ils. Hélas ! l'excès du bien-être les empêcha de persévérer dans ces heureuses dispositions. Quelques-uns seulement restèrent fermes, entre autres les deux baillis : M. de Martino et M. de Fravers.

Une plus riche moisson lui était réservée à Zizers (1) où demeurait le comte Rodolphe de Salis, seigneur aussi distingué par son érudition que par son opiniâtre attachement au parti réformé de la Haute-Rhétie. Son beau-frère, Hercule de Salis, avec quelques-uns de ses parents, avait accepté la direction de ce parti. Le comte Rodolphe fut même placé à la tête de quelques compagnies grisonnes dans la guerre contre la catholique Valteline (1620). Maintes fois de Salis eut l'occasion d'assister aux discours du P. Fidèle. Dès le début, il fut frappé de leur profondeur et de leur force de persuasion. Le landam-

1. Localité que saint Fidèle visita souvent dans ses courses vers le Prätigau.

man de la ville (1) nourrissait les mêmes sentiments.

Après le rétablissement de la paix sous l'action des armées autrichiennes, tous les deux, piqués par la curiosité et surtout pressés par la grâce, désiraient faire une plus ample connaissance de ce merveilleux missionnaire dont la sainteté, le zèle pour la conversion des pécheurs, les touchait autant que sa noble simplicité et la profondeur de ses discours. « Il faut le convertir à la Réforme, disait Rodolphe; sa science et son éloquence nous seront d'une grande utilité. Dans cet espoir, ils l'invitèrent à une discussion. On se réunit dans la cure de Zizers, et la conférence dura plusieurs heures. Le P. Fidèle s'attacha surtout à convaincre ses adversaires de la vérité de notre foi et de la présence réelle de Notre-Seigneur Jésus-Christ dans la sainte Eucharistie.

A la fin, au lieu d'être convertisseur du missionnaire, Rodolphe devint son converti. A sa force de persuasion, à sa prodigieuse éloquence, il était impossible de résister. La grâce acheva cette œuvre divine. Le jour de la fête de la Purification de la sainte Vierge, une foule nombreuse composée de catholiques et en majeure partie de protestants, étaient réunis, qui par piété, qui par curiosité, pour être témoins de l'abjuration de Rodolphe de Salis. Transporté de bonheur, le comte, à voix haute, renonça au protestantisme et jura fidélité à l'Église romaine. A cette

1. Laurent Gobffer.

occasion, le Père fit un discours que tout le monde regarda comme inspiré. Jamais vainqueur ne sut mieux que lui profiter de la victoire. Comme péroraison, il s'écria d'une voix tonnante : « Vous tous qui êtes ici, que tardez-vous à l'imiter? S'il y en a qui veulent suivre l'exemple de cet illustre seigneur et avoir part au bonheur de sa conversion, qu'ils en donnent des marques ou du geste ou de la voix. »

La grâce descendit sur cette multitude : presque tous s'avancèrent au milieu de l'église, élevèrent les mains, affirmant qu'ils étaient convertis. Parmi ces nouvelles recrues on comptait deux landammans, un gouverneur et le sacristain d'un prédicant.

Le Saint écrivit lui-même cette bonne nouvelle à son ami Dom Placide de Mehrerau. « A Zizérs, deux landammans, un fonctionnaire et son épouse, le sacristain de l'irrévérend prédicant ont abjuré, devant moi, la secte calviniste et ont formulé leur profession de foi apostolique et romaine. Que Dieu affermisse l'œuvre qu'il a accomplie dans ces âmes. J'ai le ferme espoir que quelques autres les imiteront; ils l'ont promis (1). »

Malgré ses multiples occupations, le bon Père n'oubliait pas ses chers soldats. Très souvent il les exhortait à la vertu et au zèle pour la foi catholique. Pour les convertir, il usait parfois de procédés singuliers. Ainsi, il trouve un jour un

1. Lettre du 6 avril 1622, déjà citée.

officier occupé à copier un tableau. Il lui dit à brûle-pourpoint : « Maintenant, mon ami, vous allez vous peindre vous-même, non avec le pinceau, mais par votre propre voix au saint tribunal de la pénitence ; n'est-ce pas ? » A cette invitation aussi inattendue que hardie, l'officier laisse palette et couleurs et obéit à la paternelle injonction qui lui est faite.

Soit à Feldkirch, soit chez les Grisons, il fit rentrer beaucoup de soldats hérétiques dans le giron de l'Église. A tous il recommandait d'une façon sévère de ne point prononcer des jurons ou des blasphèmes.

Si l'on se rappelle que ces soldats, recrutés un peu partout, étalaient des mœurs grossières, nous comprendrons combien durent être grands et le dévouement et l'énergie de l'aumônier. Le commandant des troupes dans le Prätigau, Joachim de Colonna, baron de Fels, a lui-même écrit : « Le P. Fidèle était plein de charité soit pour les hérétiques, soit pour les catholiques. Les premiers en étaient très touchés. Tous les moyens qu'il avait en son pouvoir, il les employait à faire du bien. Il aimait à recommander aux catholiques de n'offenser aucun protestant, mais, au contraire, d'être bons et miséricordieux à leur égard. Il n'était pas rare de le voir soit auprès de moi, soit auprès des autres officiers, pour obtenir des grâces en faveur des soldats ou des habitants du Prätigau (1). »

1. Procès de Milan.

La mission du Saint fut donc très fructueuse. Les esprits les plus opiniâtres et les plus rebelles se transformaient en sa faveur. On le remarqua surtout à Grüsch et à Seewis, où les habitants ne voulaient pas le recevoir, encore moins accepter la religion catholique, et peu de temps après ils faisaient éclater leur joie de posséder cet apôtre au milieu d'eux.

Nous trahirions la vérité si nous omettions de relater que le Saint trouvait de précieux auxiliaires dans la personne de ses compagnons, le P. Jean et le P. Alexis.

Le nom du P. Jean se présentera souvent dans notre récit. Quant au P. Alexis, le nonce apostolique, dans une lettre au Supérieur provincial de la Suisse, en parle d'une manière très élogieuse; il l'appelle « un vrai Capucin, un grand serviteur de Dieu; et il remercie le Très-Haut de ce qu'on l'a envoyé dans la mission des Grisons ».

Un historien l'appelle à son tour « l'ornement de la province Helvétique, un illustre prédicateur de l'Évangile et un missionnaire vraiment apostolique (1) ».

Tous les deux étaient en parfaite harmonie de vues et de sentiments avec leur Supérieur et tous les deux devaient être aussi l'objet de la haine toujours croissante des hérétiques endurcis.

1. Rocco da Cesinale, *Storia delle missioni*... tome II, p. 84.

CHAPITRE XVII

INSURRECTION SANGLANTE

> *Inimici mei dixerunt mala mihi : quando morietur et peribit nomen ejus?* (Ps. 40, v. 6.)
>
> Mes ennemis m'outragent dans leurs discours ; ils s'écrient : Quand mourra-t-il ? quand périra sa mémoire et son nom ?

Rage croissante des prédicants. — Leur arme suprême. — Assassinat. — Redoublement d'activité du P. Fidèle. — Insurrection violente des prédicants. — Jacques-Michel Goian. — P. Fidèle condamné à mort. — Le cordonnier de Grüsch. — Grève d'auditeurs. — Demande de nouveaux ouvriers évangéliques.

Nous ne pouvons maîtriser un profond sentiment de douleur au début de ce chapitre : il va dérouler de sombres tableaux, les tableaux sataniques d'un fanatisme osant s'appeler religieux, et qui s'armera de la rébellion contre l'autorité légitime et ne reculera ni devant le meurtre ni devant les violences sanglantes. Ce n'est point l'esprit de parti, ni une haine confessionnelle qui nous guide dans la narration de ces faits lamentables, mais le seul amour de la vérité.

Les nombreuses conversions d'hérétiques enflammèrent contre le P. Fidèle la haine des prédicants calvinistes. « Ces malheureux, les plus pervers de tous, a écrit Benoît XIV, comprenant que c'en était fait de leur secte si les conversions continuaient à se multiplier, grâce au P. Fidèle, étaient transportés de rage et grinçaient des dents (1). Pareils aux frénétiques tourmentés par une fièvre violente, qui se jettent sur le médecin venu pour les guérir, ces sauvages cherchèrent à faire périr le missionnaire qui leur apportait le salut (2). » La sympathie dont il jouissait dans les rangs du peuple leur faisait mal : ils jurèrent de la lui ravir. Pour cela ils essayèrent l'arme du dénigrement. Mais comment procéder ? malgré leurs actives et scrupuleuses recherches, ils ne pouvaient trouver, ni dans ses paroles, ni dans ses actes, ni dans toute sa conduite, une faiblesse quelconque; aussi leurs lèvres, habituées à distiller le venin de l'erreur et de la calomnie, étaient-elles contraintes par l'évidence de proclamer la louange du missionnaire, en disant comme les autres : « C'est un saint. » Jean Jodoci, prédicant converti, a fait cette déclaration : « Si mes anciens collègues avaient trouvé chez le P. Fidèle n'importe quel défaut, ne fût-ce même qu'une ombre d'imperfection, ils n'auraient pas manqué d'en parler dans leurs colloques et d'en répandre la nouvelle en tous lieux (3). »

1. *Dissecabantur cordibus suis et stridebant dentibus in eum.* (Act., VII, 54.)

2. Tome 7, p. 38, cité par le P. ROCCO DA CESINALE, *Storia delle missioni...* t. II, p. 98.

3. Procès de Milan.

Vaincus de ce côté, ils recoururent à un moyen plus expéditif : la mort de ceux qu'ils appelaient leurs ennemis.

Quelques assassins, qu'ils gagnèrent à prix d'argent, épièrent le passage du gentilhomme Antoine de Gugelberg, qui se rendait auprès de saint Fidèle pour faire son abjuration, et le poignardèrent à Clus. Dans une des poches de la victime on trouva une lettre d'un de ses amis de la Valteline, dans laquelle était exprimé cet avertissement : « Prends garde à toi ! avertis aussi le P. Fidèle et les autres Capucins. Une conjuration sanglante est tramée contre eux. » Telle était *l'évangélique* bonté de ces pasteurs protestants.

Le Saint ne voyait que trop bien les signes avant-coureurs de la prochaine tempête. Dans tous ses discours et ses lettres de l'époque se trouvait l'annonce de la fin prochaine et sanglante qui l'attendait : douloureuse prophétie qui s'accentuait tous les jours davantage. Il continua néanmoins son œuvre avec un courage encore plus héroïque. Il fouillait les bibliothèques des prédicants en fuite, détruisait les livres mauvais, cherchait à introduire le calendrier grégorien qui avait été corrigé quelques années auparavant, visitait fréquemment les églises de son territoire et en améliorait la condition.

Comme il lui était impossible d'agir partout par lui-même, il pria le Père abbé des Bénédictins de Pfaffers d'envoyer quelques auxiliaires ecclésiastiques aux habitants de Flasch et de

Mayenfeld pour les affermir dans le bien et ramener les endurcis. Tel un général d'armée, au milieu de la mêlée d'une longue bataille, commande, distribue les renforts, court en tous lieux, félicite les bons soldats, encourage les timides, flétrit les lâches, tel se montrait notre illustre apôtre durant cette longue bataille livrée à l'erreur. Par sa parole de feu (les hérétiques eux-mêmes avouaient qu'ils n'avaient jamais entendu un prédicateur d'une telle force et d'une telle science) et par son indulgente charité, il avait forcé le respect et l'amour de ses ennemis; beaucoup d'entre eux allaient secrètement conférer avec lui, communiquer leurs doutes et leurs angoisses. C'est par ce moyen que, dans la région de Zizers, il opéra un grand nombre de conversions.

Les ministres calvinistes le savaient et écumaient de rage. Aussi les éclairs qui déjà sillonnaient le ciel de la Rhétie devenaient-ils de plus en plus menaçants, la nue de plus en plus noire.

Le colloque évangélique de la Haute-Engadine se réunit de nouveau et prescrivit l'exécution immédiate du projet d'ambassade à l'archiduc Léopold, et exigea la cessation de tout rapport avec les missionnaires. En même temps qu'on ferait appel à la bienveillance de l'archiduc, on travaillerait de toutes forces à soulever contre lui les habitants de la Basse-Engadine et du Prätigau.

Au début, les plans d'attaque n'étaient connus que des chefs principaux de la société secrète protestante, et dans les assemblées on se gardait bien de les révéler. Mais quand Léopold V eut manifesté sa ferme volonté de rétablir la foi catholique dans le pays, et que le P. Fidèle, aidé de ses confrères, eut obtenu des résultats très considérables, quelques prédicants n'hésitèrent pas à dire en public qu'ils pousseraient plus loin leurs entreprises. L'éclosion de ces noirs desseins devint bientôt complète.

Dans sa lettre circulaire adressée aux communes pour leur recommander de recevoir les missionnaires avec bienveillance, Louis de Baldirone ajoutait que le P. Fidèle, dans le Prätigau, propageait la foi catholique avec prudence et circonspection. A cette nouvelle, les manifestations des prédicants se transformèrent en explosion de rage. L'un d'eux, Jacques-Michel Goian, qui avait gardé longtemps secrets tous ses complots, donna libre cours à sa violence. Il s'écria : « De même que David a terrassé Goliath, et, par ce fait, mis en fuite l'armée des Philistins, de même nous triompherons quand les habitants du Prätigau auront pris les armes et massacré les missionnaires et les soldats (1). »

Un siècle auparavant, Luther et ses adeptes s'écriaient : « Haine aux Français ! haine aux insatiables brigands de Rome ! »

Après le discours de Goian, les prédicants crièrent d'une commune voix : « A bas l'Autriche ! mort aux Capucins, ces soudoyés de

1. Ce récit a été fait par le prédicant Jodoci, témoin oculaire.

l'empire ! » et s'appuyant sur la Bible, interprétée à leur façon, ils décrétèrent sans phrases l'extermination du *papisme*.

Goian osa même appuyer sa mission par une astuce sacrilège. « J'ai vu, dit-il, un agneau miraculeux dans mon église ; c'est une preuve que nous remporterons la victoire. En avant ! » Toute l'assemblée applaudit à cette motion sanguinaire; le massacre du P. Fidèle fut décidé, et le jour du soulèvement général des patriotes fixé au 24 avril.

Goian donna le premier l'exemple de l'insurrection à outrance. Protégé par une escouade de la milice que les hérétiques avaient installée à Sus, il parcourut les campagnes en criant : « A bas l'archiduc ! » Son frère, prédicant lui aussi, agissait de même et renversait les autels.

A Grüsch, où le P. Fidèle séjourna après Pâques (1622), le prédicant Gaspard Bonarandi ameutait le peuple de la même manière. Un autre, Stoppan, à la tête d'une bande de révoltés, se dirigea vers Mayenfeld et combattit contre les soldats autrichiens. Frappé mortellement, il s'écria avant d'expirer : « La guerre des fédérés est une guerre pour la sainte religion; c'est pourquoi je meurs volontiers. » Plusieurs autres ministres, sous le fallacieux prétexte de défendre leur foi faussement appelée *évangélique,* promenaient en tous lieux le brandon de la révolte et de la guerre civile.

Telle était la conduite de ces soi-disant représentants du Christ. Par la parole et par l'exemple ils ne cessaient de fomenter l'insurrection. Jodoci a ajouté sur ce sujet : « C'est un fait public, avéré, que, les armes à la main, ils ont tué plusieurs catholiques et, pour se justifier, ils invoquent l'exemple des prophètes Samuel et Elie, dont l'un mit à mort le roi Agag, et l'autre, les prophètes de Baal. » Cette parodie sacrilège n'était pas le plus grand de leurs crimes.

Quoique les habitants du Prâtigau fissent preuve de calme et de sentiments pacifiques, sous la cendre pétillaient toujours les étincelles de la rébellion, et saint Fidèle comprenait fort bien que l'extinction complète en serait très difficile. Ainsi à Grüsch, un cordonnier se mit à pérorer avec une telle effronterie contre le catholicisme et l'Autriche, que les catholiques se firent un devoir de le dénoncer au gouverneur. Louis de Baldirone infligea une peine assez grave à ce prédicateur sans mandat. Le P. Fidèle écrivit au gouverneur pour faire lever la punition; mais plusieurs lettres restèrent sans succès; il les renouvela jusqu'à ce qu'il eut obtenu la grâce complète du coupable; puis il le manda près de lui, et après une réprimande bien méritée, il ajouta : « Si vous n'avez pas assez de vertu pour respecter la religion, rappelez-vous au moins le serment de fidélité que les citoyens du Prâtigau ont formulé à l'autorité légitime; en conséquence, ne vous révoltez plus à l'avenir (1). »

1. Rapport de Jean-Georges Willmann. Procès de Coire.

Vers les fêtes de Pâques (1622), les machinations des prédicants avaient déjà produit des résultats déplorables. On se demandait si l'ivraie de l'hérésie ne détruirait pas totalement la semence de la foi. L'obstination du peuple ne faisait que grandir. Un fait raconté par le P. Alexis va nous le prouver :

« Le lundi de Pâques, quand j'eus terminé la prédication et le service à Grüsch, un grand nombre de soldats se confessèrent, mais aucun Prätigovien ne se présenta. A ce moment, une jeune fille, du nom d'Agathe, récemment convertie du calvinisme, vint me prier avec instances de monter au village de Seewis pour y prêcher. Elle-même se chargeait d'annoncer mon arrivée aux habitants, et certifiait que l'auditoire serait très considérable. Je lui promis de m'y rendre le lendemain. Aussitôt elle courut annoncer à ses compatriotes qu'ils auraient le bonheur de recevoir un missionnaire et les exhortait à se rendre à l'église à l'heure désignée. Le lendemain, de bonne heure, j'étais arrivé sur place. Je fis sonner l'exercice religieux comme pour les grandes solennités. J'attendis, et personne n'apparut. De guerre lasse, je sortis de l'église et entrai dans le village. Un groupe d'enfants, attirés par la curiosité, s'approchèrent de moi. Je me gardai bien de laisser échapper cette bonne occasion de faire du bien aux âmes : en pleine place publique, je commençai une leçon de catéchisme ; le nombre de mes petits auditeurs était déjà satisfaisant, quand une bande de femmes, vraies furies, bouleversées, agitées comme si une bête féroce traversait le village, fondirent sur les innocents, les frappèrent, les firent rentrer à domicile, les menaçant d'un châtiment plus sévère en cas de récidive. Enfin je n'eus personne à qui parler. Ma Samaritaine, moins heureuse que celle de Notre-Seigneur, honteuse de l'échec de son apostolat, n'osa plus se montrer (1). »

Le P. Fidèle était cependant loin de se décourager. Son ardeur augmentait chaque jour. A le voir, on aurait cru qu'il entendait redire à ses oreilles, comme une trompette retentissante, les paroles que son premier Supérieur, au nom de Jésus-Christ, lui avait adressées au jour de son enrôlement dans l'armée séraphique : « Sois fidèle jusqu'à la mort et je te donnerai la couronne de vie. » Nous l'avons vu jusqu'ici fidèle à cet avis des Livres sacrés, fidèle dans toutes les difficultés de la mission, fidèle dans tous ses succès qui auraient pu si facilement jeter dans son cœur la semence de l'orgueil. La dernière et la plus héroïque preuve de fidélité va bientôt lui être demandée: c'est l'effusion du sang.

Les trois Pères, malgré leur étonnante activité, ne suffisaient plus aux exigences toujours croissantes de la mission et aux difficultés toujours plus nombreuses suscitées par les prédicants de l'hérésie. Des ouvriers nouveaux s'im-

1. Procès de Constance.

posaient de toute nécessité. L'évêque de Coire fit part de cette situation au Père Provincial en le suppliant d'envoyer d'autres soldats sur le champ de bataille pour aider les anciens. Ce désir fut bientôt exaucé.

CHAPITRE XVIII

LA SACRÉE CONGRÉGATION DE LA PROPAGANDE

Euntes ergo, docete omnes gentes.
Allez donc, enseignez toutes les nations. (Matth., XXVIII, 19.) (Devise des armoiries de la Sacrée Congrégation de la Propagande.)

Le P. Chérubin de Maurienne. — Le P. Jérôme de Narni. — Fondation de la Sacrée Congrégation de la Propagande. — Ses bienfaits. — Le P. Alexis à Baden. — Lettre d'obédience du Père Provincial au P. Fidèle. — Lettre du Nonce. — P. Fidèle missionnaire de la Propagande et Préfet apostolique des Grisons.

En 1599, un religieux capucin de la Savoie, le P. Chérubin de Maurienne, l'illustre collaborateur de saint François de Sales dans la conversion du Chablais, « prédicateur infatigable, puissant par la parole et l'exemple, défenseur intrépide de la foi catholique (1) », était agenouillé devant Clément VIII. Le Pontife, connaissant l'ardeur de son zèle à défendre la religion contre l'hérésie protestante, soit en France (2), soit à Genève, soit dans le duché de

1. *Histoire de l'Église de Genève*, par M. le Ch. Fleury, tome II, p. 148.

2. A Lyon et dans les alentours, le P. Chérubin, prédicateur de grande renommée, exhortait instamment les fidèles

Savoie (1), l'entretenait des moyens de procurer la conversion des infidèles et des hérétiques. Le Commissionnaire proposa la fondation d'une Congrégation qui, établie à Rome, serait spécialement chargée de l'administration et des intérêts des missions de toutes les parties de l'univers. Le projet reçut l'approbation du Pape, mais il ne put être exécuté que vingt-trois ans plus tard.

Le P. Chérubin fut donc le premier instigateur et promoteur de la Sacrée Congrégation de la Propagande; et, en vérité, ajoute l'auteur du XVIIe siècle qui relate ce fait, « ce qui a été accompli par lui et le P. Didace devrait, pour la gloire de Dieu, être connu de l'univers entier (2) ».

Au début du pontificat de Grégoire XV, le projet fut repris avec succès par un autre enfant de saint François d'Assise (3). Laissons ici

à ne se soumettre au roi de Navarre que quand celui-ci se serait soumis à Dieu et à l'Eglise. (*Vie du P. Chérubin de Maurienne*, par M. le Ch. TRUCHET.)

1. *Histoire abrégée des Missions des Pères Capucins de Savoie*, par le P. CHARLES, de Genève (1657), traduite en français par le P. FIDÈLE DE TALISSIEN (1680).

La mission de saint François de Sales en Chablais, par M. l'abbé GONTHIER, aumônier des hospices d'Annecy.

2. *Ille est pater Cherubinus qui... primus fuit instigator et promotor Sacræ Congregationis Romæ instituendæ et institutæ de Propaganda Fide, et vere quæ facta sunt ab eo et a R. P. Didaco deberent omnibus et singulis pro gloria Dei innotescere.* (*Memorabilia provinciæ Sabaudiæ*, 1610-1684; manuscrit des archives d'Etat à Milan.) Ce document est cité par M. le Ch. TRUCHET, dans sa *Vie du P. Chérubin*, pp. 176 et 382.

3. Plusieurs historiens ont écrit que la Sacrée Congrégation de la Propagande a été instituée le 22 juin 1622; ils se

la parole à un historien protestant : « Alors florissait à Rome un grand prédicateur, le P. Jérôme de Narni, qui, par la sainteté de sa vie, mérita la vénération générale et la réputation d'un saint : il apporta en chaire une grandeur de pensées, une pureté d'expressions, une majesté d'exposition qui entraînaient tous ses auditeurs. Bellarmin, venant un jour d'entendre un de ses sermons, disait : « Je crois que, des « trois souhaits de saint Augustin, il m'en a été « accordé un, savoir : celui d'entendre saint « Paul. » Le cardinal Ludovisi, neveu de Grégoire XV, fut son protecteur; il se chargea des frais d'impression de ses sermons. Ce Capucin conçut la pensée d'étendre cette institution de la Propagande. Suivant son conseil, une congrégation fut fondée, afin de s'occuper, dans des séances régulières, de la direction des missions dans toutes les parties du monde... » Puis il ajoute : « Qui ne connaît les services immenses que la Propagande a rendus à la philosophie générale ou à la connaissance des langues ? Mais elle s'est surtout appliquée à remplir avec énergie et grandeur

sont trompés. La première réunion de cette Congrégation s'est tenue le 14 janvier 1622. Le lendemain une lettre encyclique, envoyée à tous les nonces apostoliques, leur annonçait l'érection de la Propagande et leur ordonnait d'envoyer à cette nouvelle Congrégation un rapport détaillé sur leurs missions respectives. Par sa lettre du 22 juin 1622, Grégoire XV ne fit que promulguer la constitution de la Sacrée Congrégation de la Propagande donnant les noms des cardinaux, évêques et secrétaires qui la composaient au début. (*Collectanea Sacræ Congregationis de Propaganda Fide.*)

sa mission principale, celle de la propagation catholique (1). »

Telle fut l'origine de cette Propagande dont saint Fidèle est le premier martyr, le patron céleste, et l'un des plus beaux fleurons (2). Elle n'a jamais cessé de mériter les éloges que lui décernent soit des protestants loyaux, soit les libres-penseurs (3) : témoignages qui nous expliquent les haines et la rage des sociétés secrètes en face d'une institution qui demeure une des preuves les plus manifestes de la catholicité de l'Église et l'un des plus puissants instruments de la vraie civilisation.

La *Propagande* s'occupait avec un soin par-

1. RANKE, tome IV, p. 115. — ROHRBACHER, *Histoire de l'Eglise*, tome XII, livre 87.

2. Son but est donc la propagation de la foi dans l'univers entier et tout ce qui se rapporte à ce but; elle donne spécialement aux missionnaires les règles pratiques qui doivent les conduire plus rapidement à l'évangélisation des peuples infidèles; son nom est : *Congregatio generalis de Propaganda Fide* : Congrégation générale de la Propagation de la Foi.

3. Le libre-penseur Gioberti a écrit : « Pendant que trop souvent les potentats de l'Europe versent les sueurs et le sang de leurs sujets pour satisfaire leur ambition et ajouter une motte de terre à leurs Etats, la Propagande, sans verser une goutte de sang, étend jusqu'aux confins de l'univers sa pacifique et bienfaisante influence. Les missionnaires partent, la croix à la main, l'espérance au cœur, résolus aux plus héroïques sacrifices, non pour tuer, mais pour convertir. S'ils tombent sur la brèche, ils meurent en pardonnant à leurs bourreaux. Sans autre trésor qu'une foi invincible, sans autres armes que la persuasion et la charité, souvent ils opèrent des prodiges de courage que n'accompliraient pas nos plus vaillants capitaines. » (*De la Primauté*, I, 119.) — CANTU, *Histoire universelle*, tome XI, p. 342.

ticulier de la mission de la Haute-Rhétie. Déjà elle avait envoyé de Rome le P. Ignace, avec pleins pouvoirs; elle écrivit au nonce apostolique de s'occuper le plus activement possible des affaires de cette mission. A cette fin, Monseigneur Scappi, accompagné du P. Alexis, se rendit à l'assemblée des supérieurs de la Province à Baden. Dans son rapport sur l'état de la mission, qu'il lut à la vénérable réunion, il exalta le P. Fidèle en termes si enthousiastes, et fit un tableau si éloquent de ses grandes vertus et de ses qualités extraordinaires, que, d'un commun accord, les Supérieurs et le nonce le nommèrent Préfet de la mission chez les Grisons. Sur la demande de l'évêque de Coire, on lui adjoignit le P. Victor de Soleure, le P. Denis de Fribourg et le Fr. Junipère du Tyrol.

Cette décision fut communiquée au Saint par le Père Provincial dans les termes suivants :

« Au très honoré P. Fidèle de Sigmaringen, prédicateur de l'Ordre des Capucins, confesseur et Gardien à Feldkirch, le Provincial, l. i., le P. Matthias de Reichenau, salut dans le Seigneur !

« Souvent j'ai été prié par Son Altesse Monseigneur l'archiduc Léopold d'Autriche, et de plus, par les Seigneurs très honorés Monseigneur le Nonce apostolique et mon très aimable évêque de Coire, d'envoyer quelques prêtres de notre Ordre chez les Grisons. Grâce à la bonté de Dieu, il y a un grand espoir que la moisson y est déjà mûre, et que ces prêtres peuvent, comme les moissonneurs, recueillir des gerbes d'âmes immortelles dans le grenier du Seigneur. A moi et aux Pères assemblés à Baden, il a paru utile et convenable de désigner pour ce ministère votre Paternité et quelques autres Pères...

« L'acceptation de cette charge vous est imposée d'après l'exemple de Jésus-Christ Notre-Seigneur et Sauveur, qui a voulu non par nécessité, mais par amour pour le salut de nos âmes, descendre du ciel et ramener les brebis égarées dans le bercail du Seigneur avec une grande diligence, un grand amour, une patience, une longanimité et une douceur à toute épreuve. Pour l'amour du Christ, efforcez-vous de supporter avec plaisir toutes les afflictions temporelles; car à Lui aussi la douleur n'a pas fait défaut, et cela depuis la première heure de sa naissance jusqu'à sa mort sur la croix; Lui aussi a souffert de la pénurie des biens terrestres; Lui aussi eut à subir continuellement les murmures, les moqueries et les sarcasmes. En retour de ses bienfaits il essuya l'ingratitude; à ses miracles on répondit par l'injure; à son enseignement, par des blâmes acerbes. Cet exemple, ce Maître tel qu'il se montre à vous sur la colline du Golgotha, ayez-le sans cesse devant les yeux de votre esprit.

« Allez en paix! Que la grâce de Dieu soit toujours avec vous! Soutenu par la bénédiction de la sainte obéissance, moissonnez des fruits au centuple, afin que vous reveniez riche de joie et de mérites. Abandonnez-vous au Seigneur, il vous soutiendra, et ses saints anges vous dirigeront. Soyez en tout pour le Christ, couronne de votre vie; pour l'Église et pour votre saint Ordre, un parfum de vertus. Et maintenant, adieu, priez pour moi auprès de Dieu.

« Donné en la réunion de Baden, le 21 avril 1622.

« *P.-S.* — En vertu de la présente, je vous nomme Chef et Supérieur de tous les missionnaires de notre Ordre dans la Haute-Rhétie. Que votre Paternité ait pour la mission la sollicitude nécessaire, et je veux que nos Religieux vous obéissent.

« Fr. MATTHIAS. »

A cette lettre, qu'on croirait inspirée de Dieu, le nonce en ajouta une autre, dont nous ne pouvons nous dispenser de citer quelques fragments :

« Alexandre Scappi, par la grâce de Dieu et du siège apostolique (N. S. P. le Pape Grégoire XV), évêque de Campanie et nonce en Suisse, en Rhétie, à Constance, à Lausanne, à Coire et à Bâle,

« A notre très honoré P. Fidèle, aimé dans le Christ, Gardien à Feldkirch, Supérieur de la mission des très honorés Pères Capucins, notre perpétuelle bienveillance et affection dans le Seigneur !

« Plein du désir de ramener les brebis errantes dans le bercail du Seigneur, nous plaçons une grande confiance en votre sincère volonté, en votre science, en votre zèle pour la foi. Aussi Nous vous donnons par la présente les pleins pouvoirs d'absoudre de toute hérésie, de tout schisme, des excommunications, des suspenses et des interdits, tous les hérétiques, schismatiques, ainsi que tous ceux qui ont défendu et favorisé l'hérésie et le schisme, ceux qui ont encouru une censure ecclésiastique par la lecture de livres hérétiques et prohibés, s'ils viennent se confesser vers vous après l'abjuration de leurs erreurs, et après avoir reçu une salutaire pénitence...

(Suit la nomenclature d'autres pouvoirs spirituels.)

« Nous vous donnons et communiquons ces pleins pouvoirs en vertu du présent acte pour la durée de votre travail de mission dans la Haute-Rhétie. Mais nous vous demandons de nous envoyer le plus tôt possible un catalogue des livres défendus que vous aurez lus ou conservés. De même indiquez-nous chaque année le nombre des convertis à la foi catholique et des absous de l'hérésie.

« Alexandre, évêque de Campanie et nonce apostolique.

« *P.-S.* — Les pleins pouvoirs ne vous sont pas seulement donnés à vous aussi longtemps que durera votre œuvre de missionnaire, mais vous pouvez les déléguer, à votre discrétion, aux missionnaires qui sont sous vos ordres. »

Par ces deux actes, saint Fidèle fut donc confirmé comme missionnaire de la Congrégation de la Propagande; mais ils ne purent lui parvenir. Pendant que le courrier se hâtait d'aller les lui transmettre, il succombait sous les coups de ses bourreaux et devenait le premier martyr de cette Congrégation et le porte-étendard de tant de martyrs qui en sont sortis, comme l'a déclaré Benoît XIV dans la bulle de canonisation (1).

1. *Vinea electâ primus inter sacros operarios ad excolendam vineam Domini a Sacra Congregatione Fidei Propagandæ adscitus ad Rhetiæ regiones, Zwinglii et Calvini erroribus infectas, orthodoxam religionem indefesso labore propagavit.* (Cardinal Guadagni; cf. Benoît XIV. *De beatif. et canon. serv. Dei,* t. VII, p. 100.)

Autre témoignage : *Primus ad excolendam vineam Domini per Sacr. Congregationem de Propaganda Fide selectus.* (Cardinal Orsini, *ibid.*, p. 106.)

CHAPITRE XIX

ADIEUX A FELDKIRCH

> *Magnus autem fletus factus est omnium... dolentes maxime in verbo, quod dixerat, quoniam amplius faciem ejus non essent visuri.* (Act., xx, 37, 38.)
>
> Tous répandirent d'abondantes larmes..., affligés surtout de ce qu'il leur avait dit qu'ils ne le verraient plus.

Un nouveau Gethsémani. — Mandement disciplinaire. — Le jour approche. — Adieux à la ville. — Les larmes au couvent. — Départ. — A la victoire.

Le dimanche des Rameaux (20 mars 1622), saint Fidèle, laissant le gouvernement de la mission aux mains du P. Alexis, rentra dans son couvent de Feldkirch. Son intention était de passer ces sept jours à contempler dans la retraite son Sauveur crucifié, qu'il avait si bien copié durant sa vie et qu'il devait bientôt copier dans sa mort. Mais ce calme qu'il désirait ne lui fut pas accordé; il allait être pour lui la solitude de Gethsémani. Ainsi, le 26 mars, le gouvernement archiducal lui dépêcha une lettre pour le prier avec instance d'envoyer à Schuls, dans l'Engadine, des confesseurs exercés à la langue romanche. Cette demande ne put être exaucée.

Au même moment, le P. Alexis lui écrivit de Grüsch et le conjura de revenir au plus vite dans le Prätigau, parce que lui-même était appelé à Baden, pour assister à la réunion des Supérieurs de la Province.

Le P. Anselme de Bregenz, que l'apôtre avait envoyé en mission pour aider le P. Alexis, rentra quelques jours plus tard.

Cet enchaînement de difficultés était loin de toucher à sa fin. Sur l'ordre de l'évêque de Coire, le Père dut négocier avec le prêtre Christian Krafft une affaire importante dont le résultat paraît n'avoir pas été favorable à l'évêque.

Pendant ce laps de temps, il apprenait, soit par les lumières d'en-haut, soit par des personnes bien renseignées, que la rage des prédicants empirait toujours. Il devenait ainsi avéré que rien ne pourrait jamais adoucir ces tigres altérés de sang humain. Le Saint en était fermement convaincu ; et, dans cette persuasion, il étudiait par quel nouveau moyen il préserverait les âmes du torrent de l'hérésie et convertirait les hérétiques fanatisés par leurs pasteurs. Dans ce but, il élabora un bill ou mandement disciplinaire qu'il soumit à l'approbation des autorités ecclésiastique et civile.

L'évêque de Coire, Jean V, l'approuva avec force louanges ; le gouverneur autrichien, Louis de Baldirone, ne se contenta pas d'une approbation ; il s'engagea à le publier et à le faire exécuter.

Ce mandement, composé de dix articles, et destiné aux habitants du Prätigau, a excité la verve et provoqué les récriminations des historiens ennemis. Nous en parlerons dans un prochain chapitre.

Le jour où saint Fidèle devait quitter pour toujours sa bonne ville de Feldkirch approchait. On peut conjecturer à quelles étreintes fut soumis son cœur aimant; il savait par révélation que c'était son dernier séjour dans sa ville bien-aimée, la dernière prière qu'il formulait dans la chapelle de son couvent, le dernier entretien qu'il avait avec ses chers confrères. Maintes fois déjà il avait parlé de sa fin sanglante comme d'un fait indubitable. A son ami d'enfance, Gaspard Kleckler de Feldegg, il déclara, en termes précis, que *lui, P. Fidèle, serait mis à mort chez les Grisons* (1).

Le sang-froid avec lequel il annonçait cette lugubre nouvelle étonnait les habitants. Au seigneur Jean-Jacques Sandholzer, il dit avec une résignation sereine : « L'obéissance m'ordonne d'aller chez les Grisons; eh bien! je suis prêt. Qu'importe si nous ne devons pas nous revoir en ce monde? Avec la grâce de Dieu, nous nous reverrons au ciel. »

Il n'était bruit dans la ville de Feldkirch et les alentours que de la mort prochaine du P. Fidèle. Les bourgeois étaient saisis d'une appréhension poignante, qui se traduisit en

1. Attestation de G. Kleckler au procès de Coire.

larmes lorsque l'apôtre, dans sa dernière prédication à l'église paroissiale, adressa son suprême adieu. « Sur l'ordre de mes Supérieurs, dit-il, je retourne chez les Grisons et ne reviendrai jamais. Je confie donc Feldkirch à la garde de Dieu...

« Je prie et je conjure les bourgeois d'éviter le vice et de pratiquer les vertus chrétiennes, afin que le Seigneur les trouve comme de fertiles épis (1)... »

La veille de son départ, le 13 avril, il se rendit à l'hôtel de ville, où, avec des paroles pleines de feu, il rappela aux magistrats leurs principaux devoirs : « Par votre autorité civile, extirpez le luxe excessif, l'intempérance dans les repas, l'orgueil dans la magnificence des habits ; interdisez la lecture des livres pervers et irréligieux ; travaillez à les faire diparaître, et ne permettez pas qu'on introduise de nouveau ces poisons. Protégez les veuves et les orphelins et gardez-vous de les affliger... Je vous ai donné ces avis afin que ma conscience soit tranquille devant le Juge inexorable des vivants et des morts (2). »

Il leur dit ensuite : *Adieu,* et tous ne purent répondre que par leurs larmes.

Le lendemain, jour de son départ, transporté d'une ardeur séraphique, brûlant de ce feu divin

1. Attestation de Bernard Kredder de Feldkirch, au procès de Coire.

2. Ainsi l'ont témoigné Bernard Kredder et Christophe Amberger, secrétaire municipal.

qui rendit les Apôtres intrépides à la vue des plus grands dangers comme des plus cruels supplices, il épancha son cœur devant Dieu en mille formules d'amour ; puis, prosterné devant le tabernacle avec un visage enflammé, il recommanda sa mission au Rédempteur, et s'offrit en sacrifice d'expiation pour les péchés des peuples qu'il allait encore essayer de convertir. Agenouillé ensuite devant l'autel de la Sainte-Vierge, ses yeux ne pouvaient se détacher de l'image de sa Mère si tendrement aimée. Il se frappa la poitrine avec de profonds soupirs, baisa la dalle de la chapelle, salua Marie et s'éloigna.

Son cher compagnon, le Fr. Synésius, ne le quittait plus, demi-mort de douleur à la pensée de perdre un Père si bon et si saint. « Que Dieu te garde ! mon enfant, lui dit saint Fidèle ; c'est pour la dernière fois que tu me vois en cet état (1). »

Non moins attristé, le Fr. Meinrad, son fils spirituel, l'attendait à la porte du couvent : « Que la protection de Dieu, dit le Saint, soit toujours avec toi, mon cher Frère ! Adieu ! je ne reviendrai jamais de la Rhétie. Bientôt une insurrection va éclater dans ces contrées, et je serai assassiné. Que Dieu te garde, cher enfant (2). »

Les religieux le pressaient dans leurs bras, muets de douleur, ne parlant qu'en sanglots.

1. Procès de Coire : déposition du Fr. Synésius.
2. Procès de Constance : déposition du Fr. Meinrad.

C'était un spectacle à fendre le cœur. Le Père, s'arrachant à ces étreintes de frères qu'il aimait d'un amour tout paternel, sortit du couvent et se dirigea vers la porte de Coire. Les bourgeois de la ville, accompagnés d'une grande foule, le suivaient du regard et restaient extasiés devant la joie extraordinaire que reflétait le visage du *Père de leur patrie* (1).

Dans toutes ces âmes, à côté d'une amère douleur, vibrait le frisson d'un pressentiment sublime. On sentait que ce héros marchait à la plus éclatante des victoires, à cette victoire qu'ont remportée les martyrs dans les arènes de Rome et de Carthage, au témoignage du Saint pour cet article du symbole : *Je crois à l'Église catholique, apostolique et romaine.* Va ! semblaient dire ces chrétiens, à la fois attristés de perdre leur Père et réjouis par l'espoir de l'invoquer bientôt comme protecteur tout-puissant dans le ciel. Va, Père bien-aimé ! Adieu ! déjà les glaives sont aiguisés ; déjà sont prêtes les massues qui feront ruisseler ton sang : tends l'oreille au bruit des pas des bourreaux : ils s'avancent. Tu cours, il est vrai, au-devant d'un rude combat ; mais la force de ta foi ne te laissera pas défaillir ; tu ne chancelleras pas, tu ne trembleras jamais ! Les anges, souriants, ont hâte d'orner ton front des immortels lauriers de la victoire et de te proclamer *Fidèle jusqu'à la mort !* Va dans la vallée des prairies, dans ce

1. Témoignage de Daniel Grentzing, au procès de Coire.

pauvre Prätigau égaré; lutte et combats pour la vérité et la foi! Si la terre empourprée de ton sang reste stérile, du moins ce sang de martyr plaidera sans cesse en faveur de tes frères et de tes enfants.

CHAPITRE XX

LES DERNIERS JOURS

Ut quid natus sum videre contritionem populi mei? (I Macch., II, 7.)
Pourquoi suis-je né pour voir l'affliction de mon peuple?

En allant au Prätigau. — Sinistre perspective. — Apprêts pour la guerre. — Saint Fidèle et ses ennemis. — Préparation à la mort. — Extraordinaires faveurs spirituelles. — Assemblée de Seewis. — Promulgation du mandement. — Assemblée de Luzein.

Accompagné du P. Jean et absorbé dans la prière et la méditation, le P. Fidèle se dirigea vers le Rhin, à travers des plaines fertiles que le printemps avait parées de fleurs.

Si la riante saison donnait un renouveau de joie aux plateaux et aux montagnes, il n'en était pas de même dans le cœur du peuple : sous le souffle de Satan, la haine y avait desséché les germes de vérité et de paix dont l'apôtre avait jeté la semence à profusion. Fidèle le savait et en parlait à son compagnon avec la tranquillité d'âme des martyrs devant les fauves des arènes. « Les Grisons vont faire une révolution, lui disait-il; et tous les deux nous aurons un rude combat à soutenir. — Eh bien! répondit le P. Jean, allons là-bas pour mourir; nous recevrons la couronne de la vie éternelle. — Parfait ! oui ! c'est le meilleur et le plus sûr. »

Déjà les deux voyageurs étaient en vue de Clus, à l'entrée du Prätigau. Lorsque le P. Jean aperçut les rochers qui surplombent la rivière à droite et à gauche, comme deux géantes murailles, il s'écria : « Voyez, mon Père, comme l'entrée de ce pays est difficile ! Que va-t-il arriver ? » Après lui avoir prédit la perte et le recouvrement de cette vallée, le Saint ajouta, le visage illuminé : « De cette contrée je ne reviendrai pas vivant. »

A son entrée dans le Prätigau, il trouva les populations dans une effervescence de mauvais augure. Les visages étaient sombres, les yeux hagards ; tout laissait prévoir l'explosion d'un orage formidable contre les missionnaires capucins. Gagnés à la révolte, les habitants affectaient encore une hypocrite soumission à la milice autrichienne, pendant qu'en secret ils préparaient les armes nécessaires à la guerre. Ainsi, le Samedi Saint, ils étaient allés dans les forêts pour couper des arbres et faire des massues. — La massue était l'arme principale de cette époque ; on la garnissait de pointes de fer, de clous et de lames de couteau. — Aux officiers qui demandaient la raison de leurs allées et venues dans les bois, ils avaient répondu : « Nous faisons provision de verdure pour la solennité de Pâques. » Leurs épées étaient cachées dans le foin des fenils en attendant le moment de les employer contre les catholiques. Quelqu'un en trouva une et la porta au P. Fidèle. L'apôtre, sans témoigner de l'émotion, dit avec simplicité : « Ces épées serviront aux habitants du pays pour nous attaquer » ; et une autre fois : « Un moment arrivera où les gens du Prätigau fondront sur nous avec des gourdins, nous assommeront, et de leurs épées nous fendront la tête (1). »

Malgré la certitude avec laquelle ces paroles étaient prononcées, les soldats autrichiens n'y attachèrent pas grande attention et se reposèrent dans une funeste sécurité.

Cependant les menées des hérétiques devenaient de plus en plus hardies et envahissantes. Deux soldats catholiques (2), traîtres à leur serment, prêtèrent main forte aux sauvages du Prätigau. Quoiqu'il connût tous ces desseins barbares, Fidèle ne changea pas d'attitude à l'égard des habitants : il resta toujours affable, toujours plein d'une paternelle bonté. De nouveau il pria les officiers de l'archiduc de veiller à ce que leurs subordonnés n'opprimassent pas ce pauvre peuple, malgré ses désirs sanguinaires, ajoutant qu'il valait mieux gagner ces misérables par la douceur et la bienveillance que par la force des armes.

A ces victimes de l'erreur il ne cessait de dire : « Je vous en conjure, renoncez à vos projets de révolte. » Il ajouta même : « Prenez garde ! si vous chassez Son Altesse l'Archiduc par une

1. Attestation du P. Jean au procès de Coire.
2. Les noms de ces deux félons sont Burstli et Schelli.

frontière, il rentrera par l'autre et mettra tout le pays à feu et à sang. » Ses paroles produisaient une impression réelle, mais trop éphémère : tous endurcis, les cœurs n'étaient plus susceptibles d'amélioration.

Voyant son heure dernière approcher, le Père s'y prépara par un redoublement d'amour de Dieu. A l'exemple des martyrs et surtout de la divine victime du Calvaire, il s'arma de la prière, et, avec ferveur, demanda au Ciel la force dont il allait avoir besoin.

Après Pâques, il continua de jeûner plus rigoureusement encore, à la grande surprise de son hôte, le capitaine Joachim de Colonna (1). Ses prédications devenaient aussi plus brûlantes de zèle pour la foi catholique. Il dit un jour à un soldat (2) : « Je donnerais même ma vie pour affirmer que la foi catholique est la seule véritable, celle qui doit nous sauver. »

Dieu répondit à cette ferveur par des grâces exceptionnelles. De même que le soleil, à son couchant, semble s'irradier de ses plus beaux feux, ainsi en était-il de ce vivant soleil à son déclin : les dons surnaturels éclataient en lui dans la plus magnifique splendeur. Plusieurs fois les soldats le trouvèrent en extase. Un jour, à Davos, à la suite d'un de ces prodiges, il annonça avec une parfaite exactitude le soulèvement du Prätigau et la reprise du pays par les armées autrichiennes. Plus tard, les révoltés,

1. Témoignage de Joachim de Colonna : Procès de Milan.
2. Valentin Werlin.

en publiant la réalisation de cette prophétie, avouaient que cette victoire devait être attribuée, pour une large part, à l'intercession du P. Fidèle.

Enfin, dans l'armée d'Autriche, comme parmi les habitants de Feldkirch et dans le diocèse de Coire, il n'était bruit que des dons extraordinaires manifestés chez le Préfet apostolique aux derniers jours de son pèlerinage terrestre; chacun ne le désignait plus que par ces mots : *le saint Capucin*.

Nous avons écrit que, avant son départ de Feldkirch, le P. Fidèle avait rédigé quelques prescriptions disciplinaires dans le but d'étouffer la révolution. Arrivé au Prätigau, il fut de plus en plus persuadé, par le lamentable spectacle étalé à ses yeux, que ni les raisonnements, ni les preuves les plus convaincantes ne produiraient quelque heureux résultat sur l'esprit et le cœur des Grisons : seule la publication du mandement pourrait endiguer le torrent de l'hérésie. Sur son conseil, Louis de Baldirone, qui s'était chargé de cette tâche, quitta Coire (le 19 avril 1622), avec cent mousquetaires, pour se rendre au Prätigau.

Avant son arrivée, les révolutionnaires, munis d'armes suffisantes à l'offensive, jetèrent tout à coup le masque, et l'insurrection devint telle que l'on ne craignait pas de lancer publiquement des insultes à la face du clergé catholique et des soldats autrichiens. La guerre, et une guerre des plus cruelles, était déclarée. Le Préfet apostolique et le capitaine de Colonna en furent convaincus par une expérience douloureuse. Tous les deux assistèrent à une assemblée populaire à Seewis, le troisième dimanche après Pâques. L'apôtre en profita pour parler de la foi aux paysans : il leur en rappela l'unité, la vérité, et les supplia de revenir « à cette foi qui était celle de leurs pères (1) ». Aussitôt des sifflets, des cris, des hurlements empêchèrent le Saint de continuer son discours.

Le gouverneur Louis de Baldirone arriva au milieu de cette tourmente, et rejoignit le P. Fidèle à Grüsch, chez le baron de Fels. Tous les trois se concertèrent sur les moyens d'arrêter les flots de la révolution. D'un commun accord, ils décidèrent qu'il fallait au plus tôt publier et faire exécuter le mandement disciplinaire. A cet effet, le gouverneur convoqua la municipalité du village et lui exposa le but de la réunion. Il lui rappela son serment de fidélité, ses promesses fondées sur des témoignages écrits; et enfin il entreprit de lui faire accepter le mandement. Ce fut en vain. « En cette circonstance, a écrit le gouverneur lui-même, j'ai perdu mon temps et mes paroles; rien ne put fléchir ces municipaux. Je leur parlai du bonheur que leur soumission allait procurer à Son Altesse archiducale, etc... Ils répondirent tous qu'ils étaient toujours prêts à rendre à l'archiduc les hommages exigés, mais ils renouvelèrent la demande déjà formulée auparavant, c'est-à-dire qu'on ne les forçât pas

1. Déposition de L. de Baldirone au procès de Coire.

à abandonner leur religion jusqu'à ce qu'ils fussent persuadés de trouver quelque chose de mieux dans le catholicisme, et surtout qu'on ne les contraignît pas d'aller à la messe et de se confesser. »

Le P. Fidèle s'éleva avec force contre cette calomnie et leur dit : « Non seulement je ne vous force pas, mais je ne vous permettrai jamais, sous aucun prétexte, de venir vous confesser sans que vous soyez suffisamment instruits dans la foi, et fermement convaincus qu'elle seule renferme la vérité. » Baldirone lut ensuite les prescriptions du mandement. Les voici :

1° Il faut renvoyer du pays tous les prédicants;

2° Qu'on interdise aux sujets tout culte hérétique, zwinglien, calviniste, etc., qui est en désaccord avec la sainte Église romaine, et ceci en dehors comme au dedans du Prätigau;

3° Qu'on ne tolère aucune assemblée secrète où on fait la lecture des livres hérétiques;

4° Tous les sujets, hommes, femmes, enfants et serviteurs, sont tenus d'assister à la prédication et au catéchisme sous peine d'amende, sans préjudice cependant pour leur train de maison et autres raisons plausibles;

5° La prédication et le catéchisme auront lieu tous les dimanches et les jours de fête, et une fois durant la semaine;

Le calendrier grégorien entre en vigueur dans le Prätigau;

6° Nul ne doit accepter la foi catholique ni abjurer la religion qu'il a pratiquée jusqu'ici, sans avoir été instruit par la prédication, le catéchisme et des entretiens familiers. Il faut que ce soit dans la sincérité de sa conscience qu'il embrasse la foi et qu'il rejette l'hérésie. En attendant, nul n'est forcé d'assister à la sainte messe, pas plus que de se confesser;

7° Qu'il soit permis aux catholiques, pour l'exercice de leur sainte religion, d'élever partout des autels et des chaires pour la prédication;

8° Les sujets de toutes les communes sont obligés sous peine sévère de tenir leur serment de fidélité à l'autorité archiducale; les récalcitrants doivent être dénoncés au gouvernement de Coire;

9° Tous ceux qui assistent à la prédication et au catéchisme, et qui ne comprendraient pas certaines choses, sont autorisés à demander des explications aux missionnaires capucins, par qui ils seront affectueusement éclairés et persuadés. Il leur sera également permis de discuter librement avec les Pères;

10° Les sujets doivent communiquer leur opinion, quelle qu'elle soit, sur toutes ces prescriptions, au gouverneur (Louis de Baldirone) qui les transmettra à l'archiduc.

Après cette lecture, le Saint offrit d'écouter avec la plus grande bienveillance tous ceux qui désireraient demander quelques explications. Il voulait leur prouver par la Bible authentique, et non par celle qui était *réformée* par les protestants, l'absurdité de l'hérésie.

La réunion se passa sans autre incident.

D'accord avec le Préfet apostolique, le gouverneur convoqua une autre réunion à Luzein, dont les habitants avaient fait preuve d'une constante affabilité; mais, cette fois, ils déployèrent une colère et une opiniâtreté invincibles. Les protestations et les menaces furent la réponse aux avances sympathiques du missionnaire. Il fallut de longs pourparlers et de paternelles supplications pour obtenir un peu de calme. On essaya de faire accepter le mandement; mais ce fut inutile. Les paysans, excités à la révolte par les ministres hérétiques, répondirent par des grossièretés à l'adresse du missionnaire et du gouverneur. « Nous défendrons jusqu'à la fin, et, s'il le faut, par la force des armes, la foi que nous ont donnée les prédicants », s'écrièrent-ils d'une commune voix. Le P. Fidèle se heurtait à une résistance vraiment infernale. La haine et la férocité voulaient se satisfaire contre Fidèle comme elles l'avaient été jadis contre son divin Maître Jésus-Christ.

Arrêtons-nous un instant en face de leurs clameurs. Avant d'entendre sonner l'heure sanglante qu'elles appellent, nous jugeons nécessaire de réfuter les calomnies des protestants au sujet du mandement disciplinaire.

CHAPITRE XXI

LOUPS ET AGNEAUX

> *Attendite a falsis prophetis qui veniunt ad vos in vestimentis ovium, intrinsecus autem sunt lupi rapaces.* (Matth., VII, 15.)
>
> Gardez-vous des faux prophètes qui viennent à vous couverts de peaux de brebis, et au dedans ce sont des loups ravisseurs.

Le mensonge des protestants. — Restriction. — Calomnie contre le P. Fidèle. — Mandement disciplinaire devant le droit naturel et divin. — Diverses preuves. — Ingratitude des protestants. — En Savoie et en Prätigau. — Cruauté des hérétiques. — Interdiction du culte réformé. — Défenses des derniers articles. — Où sont les loups? où sont les agneaux?

La publication du mandement disciplinaire fut accueillie par une recrudescence de haine contre le catholicisme, et en particulier contre le chef des missionnaires. Les ministres réformés crièrent à l'intolérance, à la tyrannie, et beaucoup de leurs historiens ont enregistré ces plaintes en les appuyant, bien entendu, de leur chaleureuse approbation.

En cette circonstance, comme dans toutes les autres similaires, les protestants (nous comprenons sous ce nom les hérétiques qui ont été successivement appelés Luthériens, Huguenots, Calvinistes, Bernois) se posent en victimes et s'arrogent le rôle d'agneaux. « Voilà trois cents ans, disent-ils, qu'ils se laissent tondre et manger sans se défendre, sans se plaindre ; les catholiques, eux, sont des loups qui n'ont pas cessé de poursuivre, de molester, de dépouiller, de massacrer les pauvres et innocents protestants. Nous, nous laissons à chacun toute liberté de professer la religion qui lui convient et comme il lui convient ; tandis que les catholiques ont dit : « Croyez comme nous, ou mou- « rez. »

« Nous ne voyons pas, a écrit à ce sujet un prélat distingué (1), que l'on puisse trouver, dans l'histoire du monde, un mensonge plus complet, plus audacieux que celui-là ; il est comique à force d'être hardi. » Aussi complet et audacieux est le mensonge par lequel on accuse saint Fidèle d'intolérance. Pour parler vrai, disons de suite que si notre Saint a commis une faute, c'est une faute d'indulgence excessive envers ses ennemis. A leur atroce barbarie il n'a répondu que par la bonté. Nous allons le prouver par les faits, et le lecteur jugera de quel côté sont les loups et de quel côté les agneaux.

Le plus grand grief articulé contre le Préfet apostolique est d'avoir exigé l'expulsion des prédicants et interdit le culte hérétique. Pour justifier ces mesures, et en même temps toutes les autres du mandement, il suffit de rappeler quelques principes élémentaires du droit naturel.

1. Mgr Isoard, *Revue du diocèse d'Annecy*, 1900.

Tout gouvernement a le droit et le devoir de protéger, dans la mesure du possible, les bonnes mœurs, de réprimer le brigandage, de se défendre contre ses injustes agresseurs quels qu'ils soient : droit et devoir dont le libre exercice requiert la force quand les autres moyens sont insuffisants.

Tout gouvernement chrétien a le droit et le devoir de protéger la religion de Jésus-Christ ; c'est pour cela, avant tout, qu'il a reçu le glaive de la justice ; il a donc le droit et le devoir de s'en servir pour s'opposer, même par la force, à l'envahissement *violent* de l'hérésie.

Or, la Réforme entraînait avec elle la corruption des mœurs et les révolutions politiques. Rien de plus naturel. Approuvant tous les péchés, hormis celui d'incrédulité, elle ouvrait l'écluse à tous les vices. Dès le début, la corruption devint telle que des protestants eux-mêmes poussaient des cris d'alarme. Bornons-nous à deux courtes citations :

« Nous ne pouvons guère nous vanter de notre continence; chaque jour, on voit toutes les espèces de corruption se propager et s'afficher sans honte ni mesure (1). »

La seconde citation n'est pas moins expressive : « Le libertinage a fait aujourd'hui de si effroyables progrès parmi nous qu'on ne le considère plus comme un mal, et qu'on se vante même de ses prouesses en fait de débauches,

1. Sacerius. (Voir Dollinger, tome II, p. 422.)

comme des actions les plus méritoires (1). »

Luther n'avait-il pas dit : « Depuis la prédication de notre doctrine, le monde devient de jour en jour plus mauvais, plus impie, plus éhonté (2) ! »

La Réforme avait introduit ces désordres dans le Prätigau, et, comme dans les contrées infestées de son venin, elle y produisit des révolutions politiques. Le pape Léon XIII l'a déclaré au sujet des protestants des États romains. « Il est maintenant connu de chacun, par l'évidence des faits, que le dessein conçu par les sectes hérétiques, émanations multiformes du protestantisme, est de planter l'étendard de la discorde et de la rébellion religieuse (3). »

« Le protestantisme, a écrit un auteur moderne, c'est l'envahisseur qui pénètre partout et s'empare de tout ; le tyran qui foule aux pieds toutes les libertés les plus saintes avec toutes les traditions les plus respectables... Il faut qu'il soit le maître absolu là où il s'impose (4). » Malheur aux gouvernements qui refusent d'apostasier au moins en pratique, quand le protestantisme veut le diriger ! Ce sera la guerre à outrance.

Plus que les autres États, le duché de Savoie en fit la dure expérience. Les protestants avaient

1. André Hofenrod. (Voir Dollinger, tome II, p. 422.)
2. Sermon.
3. Lettre de S. S. Léon XIII au cardinal-vicaire Rispighi, le 19 août 1900.
4. Henri Hello, *Catholiques et protestants au XVIe siècle.*

sollicité le duc Charles III à embrasser et à soutenir la Réforme. Le Prince s'y refusa avec énergie. Dès lors l'insurrection commença à Genève et dans les environs. Les agents de François Ier, roi de France, d'accord avec le canton de Berne, entretinrent l'agitation et poussèrent à la révolte. Genève flotta encore quelque temps entre la foi catholique et les nouvelles erreurs, et, en 1535, elle secoua à la fois et l'autorité du Pape et celle de Charles III. Un historien du XVIIe siècle, après avoir décrit les scènes de cannibales qui accompagnèrent cette usurpation, ajoute : « On ne vit jamais mieux qu'en cette occasion, ce que l'expérience a montré : que l'hérésie, n'étant qu'une impiété déguisée, ruine insensiblement tous les vrais sentiments de religion (1). »

Il en fut de même au Prätigau : les hérétiques n'ayant pu faire apostasier le gouvernement, travaillèrent à le renverser. C'était la règle de conduite tracée par Luther : « Les monarques, les princes, les seigneurs qui font partie de la tourbe de Sodome (c'est-à-dire l'Église romaine) doivent être attaqués avec toutes sortes d'armes. Il faut se laver les mains dans leur sang (2). »

Hélas ! le maître ne fut que trop obéi chez les Grisons. Les protestants, on l'a vu, employèrent les moyens les plus violents, l'exil, la prison, le

1. Le P. Charles, de Genève. *Histoire abrégée des missions des Pères Capucins de Savoie*, livre Ier, page 11.
2. Luther, *La Papauté instituée par le diable*.

fer, le feu, pour secouer le joug de l'Autriche et détruire la religion catholique.

Quels étaient les principaux fauteurs de ces brigandages ? Les prédicants. Au XVIe et au XVIIe siècle, ils prirent part à tous les troubles et à toutes les révoltes dans la Haute-Rhétie, s'élevant avec fureur contre les missionnaires catholiques, et tramant des complots contre leur vie. En vain le P. Fidèle avait-il fait entendre la parole du droit et du devoir ; les farouches habitants, excités par les ministres calvinistes, avaient juré de poursuivre, jusqu'à victoire complète, leur double insurrection contre l'Église et contre l'Empereur ; en vain de larges concessions leur furent-elles accordées ; ils n'en devinrent que plus exigeants. C'est un fait avéré : chaque fois que les princes catholiques octroyaient quelques concessions à leurs sujets protestants, ceux-ci allaient toujours au delà, jusqu'à opprimer leurs compatriotes catholiques. Ainsi, l'empereur Ferdinand II, pour se concilier les protestants d'Autriche, avait obtenu du pape Paul V la permission d'accorder la liberté de religion aux luthériens; ceux-ci, malgré cette faveur, refusèrent de se soumettre et voulaient que l'Empereur ratifiât lui-même leur confédération avec les insurgés de Bohême. Aussi l'archiduc Léopold, lieutenant de l'Empereur en Autriche, les déclara-t-il *archirebelles* (1).

1. ROHRBACHER, *Histoire de l'Église*, tome XII, p. 278.

La clémence n'obtint pas un meilleur résultat chez les Grisons. Plus on leur accordait de privilèges, plus leurs prétentions devenaient autoritaires et tyranniques (1). Puisque la bonté n'avait plus de prise sur eux, le gouvernement allait-il, et le P. Fidèle avec lui, se laisser renverser par ces révolutionnaires politico-religieux et jeter les populations dans le désordre, la misère et l'erreur ? C'eût été un crime de lèse-patrie. Fidèle et le gouverneur le comprenaient : une répression énergique s'imposait d'urgence. Mais laquelle ? A consulter les hérétiques, il n'y avait pas à balancer : c'étaient les supplices et la mort.

Luther et Calvin l'avaient enseigné. Le premier écrivait au landgrave de Hesse : « On doit punir ceux qui nient les dogmes de la foi... Le magistrat doit imposer silence à ceux dont la doctrine ne concorde pas avec les saints Livres... Veillons à ce que nul prédicant, lors même qu'il vivrait en saint, ne vienne usurper la parole... Chassez-le comme un apôtre de l'enfer ; et, s'il ne s'enfuit pas, *livrez-le au bourreau* (2). »

Au sujet de la douceur de Calvin, un célèbre protestant a écrit : « Opiniâtre, irritable, impatient de toute contradiction, intolérant et tyran-

1. En 1561, le cardinal Borromée écrivait, de la part de Pie IV, à l'archevêque de Viterbe : « La bonté et la courtoisie n'ont jusqu'ici servi qu'à rendre les hérétiques plus audacieux. » (Archives secrètes du Saint-Siège.)

2. Cité par le calviniste Guizot.

nique, capable des plus atroces cruautés pour faire triompher son opinion : tel était Calvin qui, par zèle religieux, commit un *perpétuel attentat* contre les droits de la conscience et de la liberté (1). » Tels furent aussi la plupart de leurs adeptes, surtout les prédicants grisons, n'en dép[laise] à nos doucereux protestants d'aujourd'hui qui tirent un voile discret sur la barbarie de leurs ancêtres et reprochent aux catholiques la Saint-Barthélemy et le massacre de leurs coreligionnaires. Leurs ancêtres étaient-ils, à vrai dire, de doux agneaux ? C'étaient des agneaux doués d'une singulière férocité et qui ne se donnaient même pas la peine de paraître extérieurement affublés de la toison. Ils ont fait leur Saint-Barthélemy, non pas pour un but purement politique, comme l'impotent Charles IX qui a commis le crime de la Saint-Barthélemy à l'instigation de son astucieuse mère Catherine de Médicis, plus sympathique aux protestants qu'aux catholiques (2), non pas durant un jour, mais durant un long siècle, égorgeant et massacrant avec les raffinements de la plus sauvage cruauté, moines, prêtres et laïques. « Le 24 août 1572, a écrit un historien, fut le jour des représailles de tant d'autres jours, célébrés de la même manière par les hugue-

1. Marc Monnier, ancien doyen de la Faculté des lettres à Genève, *La Réforme, de Luther à Shakspeare*, p. 69.

2. Elle recevait elle-même au Louvre, le 23 août 1561, Théodore de Bèze, désigné par Calvin pour son successeur. (H. Hello, *Catholiques et protestants au XVIe siècle*, p. 29.)

nots (1). » Nous l'avons vu : le meurtre de la Valteline était un effet des mêmes causes.

Partout où l'hérésie était devenue maîtresse, les protestants infligeaient à ceux qui avaient le malheur de leur résister, des supplices et des tortures que l'on croirait inventées par Néron ou Domitien.

Quels châtiments le gouvernement catholique d'Autriche allait-il infliger aux rebelles de la Haute-Rhétie qui avaient juré de secouer le joug et de faire mourir les missionnaires ? Selon les prescriptions de la justice humaine, ces criminels souillés du sang de tant de catholiques, et coupables du délit de lèse-majesté, méritaient la mort ou au moins la prison perpétuelle. Mais l'Église romaine reste mère et a en horreur les peines violentes. Sur le conseil de saint Fidèle, l'Archiduc se contenta de prescrire le renvoi des prédicants, principaux auteurs de la révolution. Exiger que ces malfaiteurs retournassent simplement dans leur foyer ou ailleurs, afin de désinfecter le Prätigau, c'était l'indulgence poussée à sa dernière limite.

Le premier article du mandement amenait naturellement le deuxième, c'est-à-dire l'interdiction du culte hérétique. Les ministres renvoyés, le culte devenait impossible.

D'ailleurs le gouvernement ne faisait en cela que mettre en vigueur une loi du Code national. En aucun temps la liberté du culte hérétique ne

1. Segrétain, *Sixte-Quint et Henri IV*.

fut accordée par l'Autriche au Prätigau. Celui qui sait comment on envisageait le droit à cette époque ne trouvera rien de dur ni d'injuste dans cette prescription. La nation suivait cet adage forgé par les protestants : « Le peuple doit pratiquer la religion du pays qu'il habite », *cujus regio, illius religio;* or celle de l'Autriche et des pays qui lui appartenaient était la religion catholique.

D'ailleurs les Prätigoviens eussent-ils possédé cette liberté de par la loi, ils l'auraient perdue de par la loi, après la révolte de la contrée en 1621. Une ordonnance du Reichstag d'Augsbourg (1551) déclarait que les révoltés perdaient droits et privilèges.

Même en l'absence de cette loi, le droit naturel ordonnait la suppression du culte hérétique, puisqu'il servait alors, chez les Grisons, à propager l'irréligion et la révolte. En effet, la partie principale du culte réformé est la prédication ; et cette prédication servait le plus souvent à souffler la haine et la guerre contre la religion catholique et contre l'autorité civile. L'interdiction en était donc demandée par l'élémentaire prudence, comme celle des assemblées secrètes où on faisait la lecture des livres hérétiques.

En vertu du droit naturel et divin, tout gouvernement a la faculté et le devoir de proscrire les livres nuisibles à la religion et aux bonnes mœurs. Dieu merci, cette mesure est encore en vigueur aujourd'hui chez certaines nations, et disons-le à la honte des gouvernements catholiques, esclaves des francs-maçons, surtout chez les nations hérétiques.

Cette mesure était plus nécessaire dans la Haute-Rhétie que partout ailleurs, à cause de l'inconstance des habitants. Quiconque feuillette les livres de Zwingli, de Calvin et des autres réformateurs, reconnaît sans peine que les Grisons prenaient feu aussi vite qu'un tonneau de poudre sur lequel tombe une étincelle. Ce n'était donc pas une cruauté de les préserver des livres mauvais, toujours funestes, même à ceux qui se croient les plus invulnérables, mais plutôt la vraie charité évangélique.

Après tout, les hérétiques étaient-ils plus indulgents ? Loin de là : propageant la Bible faussée, et d'autres livres pervers, ils détruisaient ceux qui enseignaient la justice et la vérité.

D'autres articles du mandement prescrivaient l'assistance aux sermons et aux catéchismes, ajoutant que chacun pouvait demander des explications aux missionnaires et discuter librement avec eux. Rien n'était moins tyrannique. Ne fallait-il pas donner un contre-poison à ces âmes égarées par les mensonges des prédicants, et leur faciliter l'acquisition de la vérité ? On ne les obligeait pas à se convertir, mais seulement à étudier la véritable religion. « Il faut, dit l'article 6, que ce soit dans la sincérité de sa conscience que quelqu'un embrasse la foi et rejette l'hérésie. » Le Préfet apostolique ordonnait donc de laisser pleine liberté interne de conscience aux hérétiques ; mais, en même temps, il mettait en œuvre toutes les industries de sa bonté paternelle pour éclairer ces pauvres frères égarés. Lui-même se multipliait pour les instruire et leur expliquer les preuves de la vraie foi, et c'était toujours avec une inaltérable bienveillance.

Les prédicants, eux, publiaient leurs sophismes à coups de hache ou par la main du bourreau.

Par le 7e article du mandement, Fidèle donnait aux catholiques toute permission pour élever des autels et des chaires.

En somme il n'accordait rien de nouveau, puisque, outre le droit divin de la véritable Église, cette permission était donnée par la loi civile : il ne faisait que la rappeler. Les protestants ont crié quand même à l'arbitraire, comme si le droit naturel pouvait tolérer un moyen de perversion et de désordre tel que l'était la Réforme qui, selon l'expression d'un auteur (1), « ne portait en elle qu'une révolte, mais point de lumière et de liberté ». « Cette morale de Calvin, a écrit un penseur moderne, dont le témoignage est de la plus haute valeur, n'est pas plus sévère qu'une autre, mais elle est arbitraire, inquisitoriale et tyrannique dans ses applications comme dans son esprit (2) », et, selon les paroles de S. S. Léon XIII, elle ne tend « qu'à

1. Lamartine, *Cours familier de littérature*, IX.
2. Brunetière.

répandre dans les âmes des croyants le poison de la négation et de l'erreur (1) ».

Sur ce point les catholiques sont d'accord avec un assez grand nombre d'écrivains protestants. Nous nous bornons à deux citations :

« Le protestantisme n'est pas une religion. Il n'est, à proprement parler, qu'un espace ménagé à la liberté de conscience, et où peuvent s'abriter également la foi et l'incrédulité (2). »

« Le protestantisme, a écrit le second, est un couloir qui mène de l'affirmation à la négation, de la religion catholique à l'irréligiosité, du Golgotha qui domine le monde au trou philosophique dans lequel s'enfouissent les vains systèmes (3). »

Laisser la liberté à cette soi-disant religion, source d'anarchie et d'immoralité, et ne pas la donner à la religion catholique, source de la paix, du bonheur et de la liberté, eût été de la part de saint Fidèle, non seulement une noire injustice, mais une folie. Pourquoi ? Un écrivain protestant va nous le dire : « Je porte à l'Église catholique un profond respect... Je regarde sa dignité, sa liberté, son autorité morale comme essentielles au sort de la chrétienté tout entière (4). »

1. Lettre au Cardinal-Vicaire, 19 août 1900.

2. Alex. VINET. Cité par MARTIN, *L'avenir du protestantisme.*

3. Jean DE BONNEFOND. Voir *l'Action française,* 1er juin 1900. Il a dit encore : « La moitié des pasteurs ne croit pas en Dieu ; l'autre moitié ne croit pas à la trinité de Dieu. »

4. GUIZOT, *Méditations et études morales,* préface.

Ces derniers mots sont la plus éloquente réponse aux animadversions des protestants, et le meilleur plaidoyer en faveur de la conduite de saint Fidèle et du gouvernement autrichien.

Quant à l'article qui rappelle à tous les sujets l'obligation de tenir leur serment de fidélité à l'autorité archiducale, rien n'est plus conforme à la justice.

Enfin, par le dernier article, les citoyens avaient un délai pendant lequel ils devraient se décider pour ou contre le mandement et faire parvenir leur décision au gouverneur. Ce *referendum* était une voie plus facile et plus équitable pour éviter ces prescriptions que celle d'une révolte manifeste et sanglante. Mais que peut la raison sur des âmes haineuses et sectaires ? A tous les témoignages de bienveillance par lesquels le P. Fidèle répondait aux cris de mort proférés contre lui, ses ennemis ne savaient que redire, comme un protestant moderne : « Nous vous détestons (1). »

Un autre écrivain protestant vient de jeter à la presse le cri de guerre avec lequel les Grisons accueillaient la prédication du véritable Évangile : « Hors de Rome ! voilà quel doit être aujourd'hui le mot d'ordre des bons patriotes. Nous devons le crier sur tous les toits, ce mot de salut (2) ! »

1. M. E. Réveillaud. Cité par *l'Action française*, 1er juin 1900.
2. M. Lafon, membre de la commission évangélique. Cité par *la Vie nouvelle*, 9 décembre 1899. — Nous devons cependant signaler une exception : il serait injuste d'envelopper

Si, d'après l'adage, il n'est pire sourd que celui qui ne veut pas entendre, on doit ajouter qu'il n'est pire endurci que celui qui veut massacrer ses sauveurs. Tels étaient les Prätigoviens. Le mandement disciplinaire n'était, après tout, que l'application du traité conclu à Mailand avec les confédérés, et n'avait qu'un seul but : leur rendre la paix avec la vraie religion. Loin d'y trouver quelque injustice ou dureté, on doit le reconnaître plein d'une charitable douceur. Pauvres aveugles ! s'ils avaient voulu prêter une attention même légère à ce facile moyen de salut, bien vite ils auraient fermé l'oreille aux perfides conseils des ennemis de la patrie. Quelques citoyens de Davos et du Prätigau le disaient, ajoutant qu'une révolte armée était irrationnelle ; c'est le prédicant Barthélemi Anhorn qui l'a relaté.

Mais, grâce aux menées des ministres calvinistes, la voix de la raison fut encore étouffée par celle des passions. Le mandement entravait les projets d'injustice et d'iniquité ; il n'en fallut pas davantage pour décréter la mort de son auteur. Les loups féroces n'aspiraient qu'à assouvir leur cruauté sur l'agneau qui travaillait de toutes ses forces à leur bonheur.

Il en est ainsi : les protestants, qui appellent

dans cette accusation *tous* nos frères séparés. Nombre d'entre eux sont loin d'avoir au cœur la haine du catholicisme ; à un sincère respect de l'Église romaine, ils ajoutent la pratique de vertus que l'on ne peut trouver chez beaucoup de catholiques. Ceux-là, que Dieu les éclaire et les convertisse ! Quant aux autres ; leur erreur est très grave.

les catholiques *des loups*, voudraient pour *eux-mêmes* la liberté de tout faire, et pour les catholiques la liberté de l'agneau sous le couteau.

Telle fut la liberté que les hérétiques du Prätigau allaient octroyer au Préfet apostolique.

Prépare-toi, ô Fidèle! Les disciples de Calvin t'ont dressé un calvaire, et les bourreaux sont prêts.

Quant à vous, cher lecteur, vous allez voir plus clairement encore où sont les loups et où sont les agneaux.

CHAPITRE XXII

LA MORT SANGLANTE

Susceperunt me sicut leo paratus ad praedam,
et sicut catulus leonis habitans in abditis.
(Ps. XVI, 12.)

Ils sont là, l'œil sur moi, prêts à me dépouiller,
Tels qu'un lion que la faim aiguillonne,
Tels que le lionceau blotti dans le hallier.
(Abbé LOMBARD, *Le livre des Psaumes.*)

Nouvelles menaces. — Épisode d'André de Genta. — Invitation insidieuse. — Naïveté des soldats autrichiens. — Le coup de force de Castels. — Dernier sermon à Grüsch. — En route vers Seewis. — La dernière prédication. — Bataille de Schiers. — Violente émeute de Seewis. — Le P. Fidèle martyrisé. — Le sort du P. Jean. — Dernier soupir du P. Fidèle. — La source miraculeuse. — Un cri du cœur.

Après la proclamation du mandement, à Luzein, Louis de Baldirone se disposa à retourner à Coire le lendemain, samedi, par le chemin de Malans. Là aussi le feu de la révolte commençait à pétiller. Sans retenue aucune, les hérétiques criaient aux soldats autrichiens : « Si vous ne quittez pas bientôt les Grisons, nous vous chasserons et nous vous assommerons. Nous ne voulons pas qu'on attaque notre foi évangélique (1). »

1. Christophe Romer. Procès de Milan.

Le P. Fidèle reprit la route de Grüsch. Dans la crainte d'un guet-apens, le gouverneur voulait lui donner une escorte de soldats. Le Père refusa. Cependant, à son insu, quatre mousquetaires furent chargés de le suivre de loin et de lui porter prompt secours si les hérétiques essayaient de l'attaquer.

Sur sa route il rencontra le chapelain André de Genta, aumônier en chef des troupes autrichiennes. Il l'entretint de la grande part que les hérétiques de Luzein prenaient à la révolte et de leur invincible opiniâtreté. Si ardentes étaient ses paroles en faveur de l'extension de la religion catholique, si vives étaient ses exhortations à travailler sans relâche à cette œuvre divine, que son interlocuteur ne put s'empêcher de dire : « Le P. Fidèle est un saint. » Le chapelain lui avoua ensuite que, retenu par la nécessité d'entendre la confession de quelques soldats, il n'avait pu suivre M. de Baldirone à Luzein. « A présent, lui dit Fidèle, il faut que vous partiez. » — « Cette sommation me fâcha un peu, a-t-il déclaré; car il me semblait que je ne devais pas laisser mes ouailles sans confession. Mais le Saint ajouta : « Je confesserai les soldats à « votre place; quant à vous, partez ; c'est mieux « pour vous. » — Lorsque la révolte éclata générale dans le Prätigau, je compris que le Père la prévoyait avec toutes ses suites, et qu'il voulait mettre mes jours en sûreté (1). »

1. Le chapelain lui-même a fait cette déclaration au procès de Milan.

Cette révolte générale ne devait pas tarder. Dans le Prätigau les têtes se montaient d'heure en heure, les gens injuriaient le Saint, vociféraient au sujet de l'interdiction faite par lui des livres hérétiques et des bibles réformées. Tous avaient hâte de le voir périr.

On l'a dit : son assassinat avait été décrété pour le 24 avril. Le 23, samedi, il célébrait la sainte messe à Grüsch. Quand il eut fini, une députation de protestants de Seewis vint le prier de vouloir bien prêcher le lendemain dans leur village. A leur invitation, ces hypocrites ajoutaient : « Nous regrettons vivement le tapage que nous avons fait pendant un de vos sermons ; mais nous jurons qu'à l'avenir nous serons calmes et obéissants. »

Fidèle connaissait la valeur de ces assertions. Il dit à son compagnon : « Je n'attends rien de bon des habitants de Seewis. Leur langage n'est pas sincère ; mais j'irai quand même, afin de remplir jusqu'à la fin les devoirs de mon ministère. »

Les protestants n'ignoraient pas les prédictions de Fidèle, et ne pouvaient comprendre pourquoi, connaissant leurs sataniques désirs, il ne se dérobait pas à leurs poursuites (1).

Tremblants pour leur Père, les soldats autrichiens parcoururent les alentours de Grüsch pour faire une reconnaissance ; mais ils ne

1. *Si meraviglio meco quell' heretico per qual causa, sapendo questo, non fosse fuggito.* (Georges Bitterle. Procès de Milan.) P. Rocco da..., t. II, p. 99.

découvrirent rien qui pût faire croire à un prochain massacre. Cette tranquillité apparente n'était que l'avant-coureur de la tempête.

Il faut avouer, néanmoins, que le talent d'observation n'était pas remarquable chez ces bons soldats, et que prodigieuse était leur crédulité ; quelques-uns même allèrent se reposer en paix dans la forteresse de Castels ; ils étaient pourtant prévenus qu'une nouvelle machination s'ourdissait contre eux ; Fidèle lui-même leur avait plusieurs fois recommandé de se tenir sur leurs gardes ; ce jour-là même, samedi 23 avril, il leur dit avec une gravité insolite : « Nous ne savons pas quand nous serons assaillis ; soldats ! mettez-vous en règle avec Dieu et préparez-vous à la confession. » Son conseil fut suivi : tous les soldats se confessèrent, et plusieurs hérétiques demandèrent à entrer dans la véritable Église (1).

Au soir de ce samedi, le commissaire communal de Seewis annonça en grande pompe l'arrivée du missionnaire pour le lendemain matin. Au nom du gouverneur, il pria la population de venir très nombreuse à la prédication. Tous les cœurs palpitaient alors d'une émotion féroce.

Restait pourtant aux hérétiques un obstacle à vaincre : la présence des soldats impériaux. Pour s'en débarrasser, les prédicants inventèrent une calomnie — ils ne sortaient pas de

1. Procès de Coire.

leurs habitudes. — Ils envoyèrent dans les maisons de Seewis et dans les alentours, des émissaires chargés de faire croire aux habitants que les soldats autrichiens avaient décidé de les enfermer dans l'église, afin de les forcer par les armes à embrasser la religion catholique. C'était l'ordre du gouverneur, ajoutaient-ils ; et à l'appui de leurs paroles, ils exhibaient des lettres apocryphes attribuées à l'Archiduc. Le stratagème réussit. Indignés de ce projet, les hérétiques, à l'instigation des prédicants, se jetèrent à l'improviste sur les soldats de Castels dans la nuit du 23 au 24 avril et les enfermèrent dans la forteresse. Deux jours après, ils les contraignirent de prêter serment de ne plus jamais prendre les armes contre le Prätigau. Ces malheureux eurent la faiblesse de prononcer le parjure contre le serment de fidélité fait à l'Archiduc. Nul doute que la plupart ne l'aient formulé que de bouche : cela n'empêcha pas qu'ils furent frappés par Dieu de châtiments terribles, si l'on doit en croire quelques protestants qui en étaient eux-mêmes effrayés.

A Grüsch, le matin du 24 avril, on ignorait tout ce qui s'était passé à Castels. De bonne heure le P. Fidèle se confessa au P. Jean (1), et

1. *Die 24 apr. 1622 primo mane humillimam mihi in hospitio Grusch fecit confessionem, deinde celebravit in Ecclesia ejusdem pagi sacrum missæ sacrificium, cui ego inservivi; etiam ad populum ibidem habuit concionem cui et ego interfui.* (P. Jean, au procès de Coire.) P. Rocco da... Storia..., t. II, page 104.

envoya au prince-abbé de Saint-Gall une lettre d'adieu dans laquelle il lui parlait nettement de sa mort prochaine. Il célébra ensuite la sainte messe avec une piété qui ravit tous les assistants. Le P. Jean la servait. Après l'action de grâces, il monta en chaire et fit un éloquent discours aux soldats. Le thème principal était le blasphème. Le Père les supplia avec instance de s'en abstenir et se mit à raconter un trait dont il fut témoin. « Un jour, dit-il, deux soldats en voyage discouraient sur le blasphème. L'un dit à l'autre : « Mon bon et cher camarade, sache que « chacun de nous devra rendre compte à Dieu « même du plus léger des jurons. » Le second, vieil habitué du blasphème, fut frappé de ces paroles. Quand ils furent assis pour se reposer, le blasphémateur, songeant aux terribles châtiments dont Dieu punit ce péché, tremblait... » A ces mots, Fidèle s'arrête court : la parole lui manque, son visage pâlit, tout son corps s'immobilise comme dans l'extase ; on l'aurait cru mort s'il n'avait eu les yeux ouverts, très vifs, étincelants de lumière, et regardant fixement le ciel. Peu à peu le visage redevient calme et coloré, et il finit son sermon avec une éloquence extraordinaire. Que s'était-il passé dans son âme ? Il est probable que Dieu lui avait fait connaître, par une révélation intérieure, la manière dont il devait mourir quelques heures plus tard (1).

1. *Eadem die qua P. Fidelis occisus fuit, audivi illum in Grusch concionantem, et vidi quomodo in concione*

Après le sermon il s'agenouilla devant l'autel, pria longtemps avec ferveur, et se relevant plein de courage, il alla au-devant de la mort à Seewis. Le baron de Fels, capitaine, quelques officiers et soldats l'accompagnèrent.

A part les difficultés d'une montée abrupte, le chemin qui conduit de Grüsch a Seewis est magnifique au printemps. Du point le plus élevé on aperçoit les ruines de Solavers, qui, malgré ses murs noircis par une vieillesse millénaire, conserve un aspect de fière grandeur; de là on a une vue ravissante sur le Prätigau. A nos pieds sont les maisons blanches et brunes de Grüsch; et, vers l'est, apparaît le grand village de Schiers. Sur un versant s'étale doucement, entre des prairies verdoyantes et des arbres fruitiers en fleurs, Fanas, avec son clocher qui domine toute la vallée. Plus haut, entre des vallons, se dresse la pointe du clocher de Seewis. Ajoutez les dialogues aériens des oiseaux, le bruit sourd de la Lanquart et de la petite Taschina qui descend en cascade écumante des flancs de la montagne, les plateaux de neige de la Scesaplana étincelants comme le rubis, puis les massifs formidables du Schweizerthor, du Ruhnihorn et de la Salzfluh, que teintait de rouge le soleil levant, vous aurez une esquisse

totaliter expalluerit, et obmutuerit et oculos in cælum fixerit. Tum ego cogitavi quod aliquam cœlestem haberet apparitionem. Similiter alii milites communiter dixerunt quod eidem sua mors tunc revelata fuerit. (Le soldat Jacques Kolb de Bludenz. Procès de Coire.)

de ce ravissant petit coin de terre du Prâtigau.

Les yeux de saint Fidèle allaient se fermer à toutes ces beautés. Peu lui importait : déjà il avait fait avec allégresse le sacrifice de sa vie, et rien ne pouvait lui arracher quelque regret. Marchant avec une joie incroyable, comme un athlète assuré de la victoire, il arriva à Seewis vers 9 heures du matin. L'église était remplie d'assistants; sans retard il monta en chaire. Avant de commencer, il attendit un instant, pensif, absorbé, comme si un événement grave était survenu. Après sa mort on apprit qu'il avait trouvé sur la chaire un papier contenant ces mots : « Tu prêcheras encore aujourd'hui et ensuite plus jamais (1). »

Il traita de la vanité et de l'amour-propre, montrant à ses auditeurs que le plus grand nombre des péchés coulaient de ces deux penchants de notre nature viciée. Ses regards s'arrêtaient fréquemment sur Joachim de Colonna et annonçaient quelque chose d'extraordinaire. L'officier en connut bientôt la raison.

Au milieu du sermon, raconte un témoin (2), on entendit un formidable grondement. Le bruit venait de Schiers. Au matin du 24 avril, les habitants de ce village, apprenant le succès du coup de force de Castels, crurent pouvoir remporter le même triomphe. Des renforts de Furna et de Jenatz avaient pris la place de quelques conjurés qui s'étaient enfuis par crainte

1. Benoît XIV. Bulle de la canonisation de saint Fidèle.
2. Marguerite Ganser. Procès de Coire.

des représailles en cas de défaite. L'attaque fut inopinée. Les révoltés se ruèrent sur la garnison autrichienne de Schiers, composée de cent trente-cinq hommes. Le plus grand nombre des soldats perdirent la vie sous les coups de massues, d'épées et de bâtons. Les autres se réunirent dans le cimetière d'où ils fournirent un feu continuel sur les assaillants. Ils auraient été victorieux sans un regrettable accident. Les munitions déposées dans l'église prirent feu et firent sauter la voûte dans les airs.

Un des soldats qui stationnaient devant l'église pendant le sermon du P. Fidèle, apercevant la flamme de l'incendie, entra en criant : « Au feu! au feu! »

Malgré le tumulte qui s'en suivit, le Père continua son discours; mais, tout à coup il se fit autour de l'église un vacarme affreux; on tirait des coups de mousquets, on intimait au prédicateur l'ordre de s'arrêter. Les soldats qui gardaient l'église furent assassinés, et une balle destinée au P. Fidèle alla frapper les parois de la chaire sans faire d'autre mal. Saisis de panique, les auditeurs prirent la fuite. Fidèle descendit de chaire et s'agenouilla sur le marchepied de l'autel (1). Le sacristain du prédicant s'approcha et le pria avec instance de ne pas sortir de l'église à cause du danger qui le menaçait. Fidèle lui répondit : « Mon brave homme, soyez sans inquiétude; je ne tiens pas à la vie,

1. Déclarations de Marguerite Ganser au procès de Coire et du comte Alwig de Sulz au procès de Milan.

je l'ai mise entre les mains de Dieu et de sa sainte Mère (1). » Là-dessus il sortit de l'église par la porte de la sacristie.

Le capitaine autrichien, Joachim de Colonna, baron de Fels, l'accompagnait. Tous les deux suivirent un sentier qui conduit à Grüsch, se dérobant à leurs ennemis par une courbe de chemin; arrivé sur le pré de Seljanas, à une portée de fusil de l'église de Seewis, le capitaine tomba et se foula le pied. « Aussitôt une bande de rebelles fondit sur eux; l'officier fut conduit au château de Salis à Seewis. Quant au P. Fidèle, les émeutiers, au nombre de vingt-cinq (2), armés d'épées, de fourches et de casse-têtes, se ruèrent sur lui, plus féroces que le lion s'emparant de sa proie : « Veux-tu, oui ou non, accepter notre foi? » dit l'un d'eux. « Je ne suis pas venu ici pour devenir hérétique, répondit Fidèle avec calme, mais bien pour extirper l'hérésie et vous rendre la vraie religion catholique. J'espère et j'ai pleine confiance que vous reviendrez à la foi de vos pères. » Un instant les rebelles restèrent stupéfaits. Puis, reprenant leur féroce courage, ils s'écrièrent : « Ah! vilain moine, c'est donc toi qui prétends enseigner une religion étrangère et l'implanter dans

1. *Vitæ non teneo, quam in manus Dei, ejusque matris sinum jam totum consignavi.*

2. Les noms des plus cruels sont : Pierre Riederer, de Stutz; Ulrich, Bartsch et Christian Saxer, de Seewis; Rodolphe Hildbrandt, de Schiers; Gebhard, de Davos; les frères Jean et Rodolphe Jenatsch et Christian Jegga. (P. Ferdinand della Scala.)

notre pays! » L'un d'eux, Riederer, vraie brute à face humaine, comme on n'en rencontre qu'aux jours d'émeute, s'approchant de plus près, lui dit, grinçant des dents : « Veux-tu, oui ou non, embrasser notre foi réformée? » Sans attendre la réponse, il tira son épée, la fit vibrer dans l'air et en frappa la tête du P. Fidèle qui fut gravement blessée. « Jésus! Marie! s'écria-t-il, venez à mon aide! » et il tomba à genoux, baigné dans son sang (1).

La scène qui suivit est digne des cannibales. Avec leurs armes, les bourreaux piquaient et frappaient le Père. Christian Saxer lui lança à travers la tête un second coup qui ouvrit une large plaie; Gebhard et le jeune Rodolphe Hildbrandt le frappèrent d'un troisième et d'un quatrième coup; un autre le perça de sa fourche (2). La rage de ces tigres ne pouvait se rassasier. A coups de sabres et de gourdins, ils se donnèrent le barbare plaisir de lui rompre les côtes du flanc droit, de lui taillader la jambe et le pied gauche.

Le martyr ne perdait rien de la tranquillité de son esprit ni de la sérénité de son visage. Plus les coups qu'on lui donnait se multipliaient, plus sa joie semblait s'augmenter; jusqu'au dernier soupir il conserva un air riant. Étendu à terre, les yeux fixés vers le ciel, il murmurait

1. Jacques Kolb et le P. Jean de Krawangen. Procès de Coire.

2. La trace de ce coup se voit encore dans le manteau du Saint conservé à Feldkirch.

d'une voix défaillante : *Seigneur, pardonnez à mes ennemis! Jésus, Marie, assistez-moi!* Cette prière pour ses bourreaux était formulée avec une joie aussi calme que s'il avait reçu des témoignages d'honneur.

Enfin, les bourreaux le croyant près de rendre le dernier soupir, le laissèrent sur cette terre de Seljanas empourprée du sang d'un martyr. Il était environ 11 heures du matin, le 24 avril 1622, le quatrième dimanche après Pâques.

A ce moment, le P. Jean resté à Grüsch, venait de célébrer la sainte messe et rentrait chez lui. Sur le chemin il aperçut un homme qui courait, brandissant une épée. C'était le signal de l'émeute. Aussitôt un tumulte général éclata ; les paysans, accourus de toutes parts, entourèrent le P. Jean, résolus de lui faire subir le même sort que leurs coreligionnaires, à Seewis, infligeaient à son Supérieur. L'un d'eux le frappa si violemment qu'il le jeta à terre. Trois des chefs le saisirent et s'apprêtèrent à le conduire en prison. Le Père parvint à s'échapper de leurs mains et courut à l'église pour mettre en lieu sûr l'huile sainte et les vases sacrés. Mais toute la bande se rua après lui, poussant des cris féroces. L'un des assassins tira son épée et allait lui fendre la tête quand arrivèrent deux nobles protestants, Abundius de Salis et le chef Janett, qui, au péril de leur propre vie, l'arrachèrent des mains des bourreaux. L'un de ces derniers put encore lui asséner un coup si violent que le bon Père en perdit connaissance.

Le meurtrier, le croyant mort, le laissa baigné dans son sang. Les deux généreux protestants transportèrent la victime, demi-morte, au château d'Abundius, où ce noble seigneur lui prodigua tous les soins possibles, malgré le peu d'espoir qu'on avait de lui conserver la vie.

Peu de jours après, le blessé allait être guéri.

Revenons à notre martyr.

« Quand le fracas des armes et les cris des bourreaux eurent cessé, a raconté un témoin oculaire (1), je compris que les paysans enragés s'étaient retirés du côté de Grüsch, et que le P. Fidèle avait été assassiné. J'allai vers le pré de Seljanas où s'était passée cette horrible scène; je vis le Saint étendu et mourant. Au moment où je le regardais en pleurant, il leva les yeux au ciel, respira trois fois profondément et son âme prit son essor vers le séjour de l'éternel bonheur.

« Après qu'il eut expiré, je m'approchai et l'examinai avec plus d'attention. Sur la tête, en partie couverte du capuchon, on voyait deux grandes plaies; deux autres coups avaient blessé le tibia d'une jambe, et son sang rougissait la terre. »

D'après la tradition, une source jaillit miraculeusement sur le champ du martyre au moment de la mort du Saint. Elle n'a jamais tari. Les habitants l'appellent encore aujourd'hui *la Fontaine de saint Fidèle*.

1. Marguerite Ganser.

Voilà donc notre héros étendu sur le pré sanglant! Il avait soutenu le dernier combat et remporté la suprême victoire, cette victoire pour laquelle il avait tant prié, après laquelle il avait tant soupiré. Mourir pour la foi, rester fidèle à Dieu jusqu'à la mort, tel avait été le rêve de sa vie.

O Saint bien-aimé, j'aurais voulu me jeter à genoux près de vous et baiser vos plaies! J'aurais voulu verser de douces larmes, non de douleur, mais de joie. Avec un de vos biographes (1), laissez-moi m'écrier : Réjouissance et triomphe à vous, Fidèle, martyr du Christ! Vous êtes vainqueur; et votre fidélité vous tresse une couronne triomphale. Votre triomphe n'est pas seulement nominal, mais réel. Vos plaies sont autant de bouches qui s'écrient : *Fidèle a triomphé*. Le ciel, avec sa clarté riante, les montagnes qui ont été les témoins de votre combat, annoncent par mille voix : *Fidèle a triomphé*. Arbres à l'ombre desquels il est tombé, courbez vos branches sur sa tête sanglante comme des palmes de victoire; vous n'êtes pas, sans doute, le laurier qui lui convient, mais vous êtes verts et fertiles; le vert est le symbole de l'espérance, le symbole de son éternité, le fruit de son immuable félicité.

Comme vous ressemblez, ô saint Fidèle, à votre Rédempteur! Comme lui vous avez enduré votre agonie dans un jardin à fruits : Sel-

1. P. Lucien, *Probatica cisarulana.*

janas fut votre Gethsémani et votre Calvaire. Vous êtes mort, mais pour vivre en Jésus-Christ et recevoir la couronne de la vie éternelle. Ils avaient dit, vos bourreaux : « Aujourd'hui tu prêcheras encore, et ce sera fini ! » Le Tout-Puissant s'est moqué de leurs noirs desseins : car ces tyrans n'ont pu vous anéantir. De la tombe vous poursuivez vos conquêtes ; du ciel votre voix va retentir.

CHAPITRE XXIII

MANIFESTATIONS D'OUTRE-TOMBE

Defunctus adhuc loquitur. (Hebr., XI, 4).
Après sa mort il parla encore.

Le P. Apollinaire de Sigmaringen. — Dom Placide Vigell. — Préservation de Feldkirch. — Guérison spirituelle de Marie Salomon. — Saint Fidèle, guerrier céleste, taille en pièces les protestants.

Tandis que sur le champ de Seljanas, le P. Fidèle était torturé par les bourreaux, à la même heure, son frère, le P. Apollinaire, prêchait à Constance dans l'église des Jésuites. Les disciples de saint Ignace fêtaient ce jour-là la canonisation de leur fondateur et celle de saint François-Xavier. Au milieu de son discours, le P. Apollinaire sentit tout à coup dans la tête une douleur et une oppression extraordinaires. La voix lui manqua, la respiration s'affaiblit, et il tomba en syncope. Revenu à lui-même, il continua son discours avec la même force qu'auparavant. Après la cérémonie, les religieux s'empressèrent de lui demander ce qui était arrivé. « Il me semblait, répondit-il, qu'on me fracassait la tête et qu'on la transperçait de clous très aigus. »

Quelques jours après, à la nouvelle du martyre de saint Fidèle, il constata que le phénomène s'était produit en même temps que le crime se commettait à Seewis. Dieu lui avait accordé une sorte de participation aux souffrances de son frère (1).

Dom Placide Vigell, abbé des Bénédictins de Mehrerau, lié d'une profonde amitié avec saint Fidèle, reçut du martyre de son ami une connaissance analogue, mais plus distincte encore. « C'était au soir du 24 avril 1622, a-t-il lui-même raconté, avant de recevoir la nouvelle de la mort du P. Fidèle. Retiré dans ma cellule pour prendre un peu de repos, il me semblait que j'étais dans une grande salle. Bientôt j'entendis des paroles prononcées à voix basse, et je regardai du côté d'où elles partaient. De cette partie de la salle sortit une lumière éblouissante qui éclaira à jour tout l'appartement. J'étais effrayé, ne sachant à quelle cause attribuer ce phénomène. Tout à coup entrèrent deux Capucins revêtus d'une clarté merveilleuse. L'un d'eux était le P. Fidèle ; je le reconnus parfaitement. Me lever et courir à sa rencontre fut l'affaire d'une seconde. « Oh ! le P. Fidèle ! « m'écriai-je ; quel bonheur ! le voilà enfin mon « ami si cher ! » Je m'inclinai pour baiser le bord de son habit, selon mon habitude ; mais lui se retira sans mot dire. Contristé de ce silence, j'en demandai le motif à mon ami. A mes paroles, les deux Capucins disparurent sans me

1. Attestation du P. Apollinaire au procès de Constance.

répondre. Bouleversé par cette apparition que je ne pouvais m'expliquer, je la racontai à mes religieux et ajoutai : « Je suis sûr que le P. Fidèle « a été assassiné par les hérétiques et qu'il a reçu « sa récompense dans le ciel. » Un courrier ne tarda pas à apporter la nouvelle, et je compris pourquoi le Saint, dans la dernière lettre qu'il m'écrivit, signa : « Frère Fidèle qui sera à bref « délai la pâture des vers (1). »

A l'heure où le Saint expirait sur le champ de Seljanas, un religieux d'une grande vertu le vit monter au ciel, vêtu d'une robe de pourpre et resplendissant comme le soleil.

Durant la nuit qui suivit le martyre, le Saint apparut à un autre religieux vêtu du même habit qu'il avait au moment de la mort.

Ce n'était qu'un commencement de glorification.

Peu après le martyre, plusieurs milliers de Grisons reprirent les armes, firent retentir le tocsin de l'insurrection et saccagèrent quelques localités soumises à l'Autriche. Ils ne faisaient aucun quartier et détruisaient tout ce qui tombait sous leurs mains.

Les habitants de Feldkirch tremblaient à la pensée de l'invasion de leur ville. Déjà les religieux s'apprêtaient à mettre en lieu sûr les objets d'église et les livres de la bibliothèque, afin de les soustraire au vandalisme des hérétiques. L'un d'eux, le Frère Meinrad, plus

1. Procès de Coire.

anxieux que les autres, se retire dans sa cellule, tombe à genoux au pied de son crucifix, et recommande avec instance à Jésus, par l'intercession du P. Fidèle, la conservation du couvent et de la ville entière. Pendant qu'il formule sa prière, les larmes aux yeux, il entend heurter une première fois à la porte de sa cellule, puis une deuxième et une troisième fois. A chaque coup il répond suivant l'usage de nos couvents : *Ave Maria!* croyant s'adresser à un de ses confrères. Enfin la porte s'ouvre, et c'est le P. Fidèle qui entre avec le même habit, les mêmes traits de visage qu'autrefois, et tout radieux. Le sourire sur les lèvres, il dit au Frère Meinrad : « Ne soyez pas effrayé de la révolution de la Rhétie ; Dieu vous gardera tous, vous et la ville de Feldkirch. Les révoltés seront punis au temps voulu. » A ces mots il disparut (1).

Ce qu'il avait prédit se réalisa à la lettre. La guerre fit d'affreux ravages ; beaucoup de Grisons restèrent sur les champs de bataille, et la Rhétie fut reconquise par le comte Alwig de Sulz. Durant tout le cours des opérations la ville de Feldkirch fut à l'abri des insurgés.

Une autre apparition du Saint apporta une grâce non moins merveilleuse.

Mme Marie Salomon souffrait depuis longtemps d'une horrible maladie. Tourmentée par les esprits mauvais, elle poussait des rugisse-

1. Rapport du Fr. Meinrad de Rapperschwyl au procès de Constance.

ments parfois ininterrompus et se tordait de désespoir sur son lit de douleur. Malheur à quiconque s'approchait ! elle le mordait et plantait ses ongles dans sa chair. Il lui arrivait même de cracher sur le crucifix. Agitée, tourmentée, réduite à deux doigts de la mort, assaillie jour et nuit par les démons, la malheureuse ne savait que redire : « C'en est fait ! je suis damnée ! »

Un matin, calme et libre, et jetant un profond soupir, elle dit à son mari : « Georges, j'ai vu un escadron de démons à l'aspect hideux se ruer sur moi avec fureur. Ce n'est que par un miracle que j'ai pu en triompher. Aussi, ne sois pas étonné des horreurs et des blasphèmes que ma bouche a vomis. Au milieu de cette tempête, j'ai levé les yeux vers le Très-Haut et imploré le P. Fidèle, et voilà que le glorieux martyr est descendu vers moi dans un rayonnement indescriptible. Autour de lui se tenaient nos deux petits enfants morts en bas âge et un groupe d'âmes du paradis. A son approche, les noirs lions de l'enfer disparurent comme disparaît l'éclat des étoiles au lever du soleil. Le Père m'a adressé des paroles qui m'ont pleinement consolée et fortifiée... Après quoi il s'éloigna en disant qu'il allait à Feldkirch au secours de quelques nécessiteux. »

La bonne dame confirma la vérité du récit par le serment. Sa maladie physique ne diminua point ; mais heureuse, toujours souriante, elle bénissait Dieu et le remerciait des souffrances qu'il lui envoyait. Cinq jours plus tard, fortifiée par les suprêmes secours de l'Église, et, redisant le nom du P. Fidèle, elle rendit doucement son âme à Dieu.

Les manifestations que nous allons raconter sont encore plus sensibles et plus solennelles.

L'Archiduc d'Autriche, irrité de l'obstination des révolutionnaires, résolut d'en finir par un coup décisif, et comptait fermement sur la protection du saint martyr. Une apparition avait même affermi ses espérances. Le 6 mai 1622, le général de Tilly et le général Gonzalez de Cordoue marchaient contre le margrave de Baden-Durbach. Ce dernier, protestant farouche, s'était vanté d'extirper la religion catholique. Dans ce but, il s'était allié aux hérétiques de la Haute-Rhétie.

Au milieu du combat, deux Capucins apparurent, à cheval, à la tête de l'armée, faisant mine de pourfendre les hérétiques. Ces derniers, saisis d'épouvante, prirent la fuite et subirent un désastre complet. Catholiques et protestants affirmèrent que l'un de ces deux religieux était le P. Fidèle (1).

Plein de confiance, l'archiduc Léopold réunit une grande armée qu'il plaça sous le commandement du comte Alwig de Sulz. Cet officier prit avec lui deux Capucins, le P. Alexis, successeur de saint Fidèle dans le gouvernement de la mission, et le P. Pie qu'il fit nommer aumô-

1. D'après le récit d'Alphonse Varéri au procès de Milan.

nier des troupes. Avant l'entrée en bataille, le P. Alexis bénit solennellement les drapeaux, les armes et toute l'armée ; puis élevant son crucifix, il s'écria : « Officiers, sous-officiers, soldats ! Courage ! Vous êtes les belligérants du Christ, les défenseurs du nom chrétien. On vous conduit à la guerre pour venger l'Église des injures des hérétiques et défendre les droits de votre prince légitime. Vous le voyez, aucune cause n'est plus noble ; aucune n'est plus juste que celle-là. En avant donc pour l'œuvre de Dieu. Fidèle, le glorieux martyr, vous assistera du haut du ciel ; de toutes ses forces il luttera avec vous contre les barbares. Aussi, confiants dans la protection d'un général si puissant, que personne d'entre vous ne doute du plus éclatant des triomphes ! »

Le comte Alwig résolut d'occuper sans retard la Basse-Engadine. Mais, les ennemis, très nombreux, campés sur les hauteurs, observaient la marche des Autrichiens. Que faire ? Escalader les rochers pendant le jour eût été une souveraine imprudence ; et pendant la nuit, la lune, trop bienveillante, éclairait à jour. La divine Providence dissipa ces angoisses par un secours inattendu. Le lendemain matin (septembre 1622) le comte Alwig aperçut un énorme nuage qui s'avançait avec rapidité, grossissait de plus en plus, et couvrit bientôt les rochers où se cachaient les insurgés. Aussitôt il fit sonner le départ. Par un chemin détourné les troupes impériales arrivèrent sur une hauteur dominant le village de Schlins sans que l'ennemi les eût aperçues. A ce moment les nuages se dissipèrent et on donna le signal du combat.

Les deux aumôniers militaires, le P. Alexis et le P. Pie, marchaient à la tête de l'armée, tenant en main le crucifix. Tout à coup apparut au milieu d'eux un troisième Capucin armé d'un glaive et le visage courroucé. Les ennemis le reconnurent : c'était le P. Fidèle. Il s'éleva dans les airs, faisant face aux hérétiques et menaçait de les frapper de son glaive. Saisis de terreur, les hérétiques se contentèrent d'une fusillade et prirent la fuite. Leur général, Rodolphe de Salis, s'apercevant que le Saint le menaçait d'une manière plus terrible que les autres, s'écria : « Voilà le Frère que nous avons massacré. C'est lui qui combat contre nous ! Malheur à nous ! C'est fait ! Nous subissons maintenant le châtiment de notre cruauté (1). »

Personne n'en doutait : cette victoire, humainement impossible, était due à la protection du glorieux martyr que les soldats invoquaient avec une entière confiance et une piété filiale (2).

Laissant le terrain à ses ennemis, Rodolphe

1. Récit du comte de Sulz au procès de Milan.
Benoît XIV relate aussi ce fait dans la bulle de canonisation du Saint.

2. Un soldat, Christophe Romer, a fait cette déclaration au procès de Milan : « Je connaissais parfaitement la grande piété et la confiance dont un grand nombre de militaires étaient animés à l'égard du saint martyr. Pour moi, durant toute cette campagne, je l'ai prié sans cesse de prendre la défense de toute l'armée. »

de Salis se retira dans l'Engadine inférieure, travaillant, mais en vain, à empêcher la marche des Impériaux. Retranché d'abord à Süs, il attendit des secours qui ne lui furent pas envoyés. Replié sur Davos, la fortune ne lui sourit pas davantage. Était-ce l'effet des menaces de saint Fidèle? Il put le croire sans illusion.

Pendant ce temps, le comte Alwig courait de victoire en victoire : il traversa le Baltasna et le Scaletta ; et après quelques combats glorieux, arriva le 3 septembre 1622 à Dischmathale (1).

Durant ces expéditions — il faut le reconnaître — les soldats autrichiens exercèrent sur le pays une rare barbarie, par le pillage, l'incendie et l'assassinat. Si sainte et si sacrée que soit une cause, il est difficile à ses défenseurs de s'abstenir de tout excès, et en particulier quand les adversaires les y provoquent par la violence. C'était le cas des soldats autrichiens : la cruauté des hérétiques avait enflammé leur colère jusqu'au paroxysme, de telle sorte qu'ils étaient incapables d'écouter les défenses intimées par le comte de Sulz (2).

Du reste, il en était des soldats de cette

1. Assertions de Georges Sprecker et de Planta.

2. Ainsi, à Grüsch, le comte Alwig avait formellement ordonné de respecter le château du seigneur Abundius de Salis. Nous l'avons dit, c'est à ce noble protestant que le P. Jean devait la conservation de sa vie; c'est dans ce même château que, pendant neuf jours, il reçut les soins les plus assidus. Les soldats autrichiens commirent la barbarie de livrer aux flammes cette maison hospitalière.

époque comme de ceux de notre siècle. Malgré les progrès de la civilisation, les guerres actuelles sont l'occasion des mêmes scènes de barbarie (1).

Les hérétiques eurent la facilité de méditer la prophétie que le P. Fidèle leur avait faite : « Vous chassez l'Archiduc hors du pays ; mais il y reviendra, et ses soldats dévasteront la contrée par le fer et le feu. »

Rodolphe de Salis était à bout de courage. Retiré à Saas, dans le Prätigau, il écrivit à Alwig pour lui annoncer que le 4 septembre commençait l'armistice obtenu par la médiation des confédérés. C'était une nouvelle hypocrisie. Les révoltés tinrent si peu compte de la convention que, le matin même du 4 septembre, un prédicant tua trois Autrichiens (2). L'armistice n'eut pas lieu. Salis avait concentré ses troupes entre Saas et Raschnalz, où il attendait l'armée impériale pour l'exterminer.

Les Autrichiens, ignorant cette ruse et ne soupçonnant aucune résistance de la part des habitants du Prätigau, s'éparpillèrent à la recherche du butin. Bientôt circula une nouvelle sinistre : « Les ennemis, disaient quelques-uns, s'apprêtent à fondre sur nous, les armes à la main. » Alwig fit aussitôt sonner le ralliement.

1. La guerre franco-allemande de 1870 n'a-t-elle pas eu des scènes de cruauté inexcusables à notre époque de civilisation ?

2. Affirmation de Sprecker. — Le prédicant s'appelait Conrad.

Hélas ! c'était trop tard : les soldats dispersés au loin n'entendirent pas le signal. Le combat fut engagé quand même. Les rebelles attaquèrent avec une violence si impétueuse que les Autrichiens furent contraints de reculer. De nouveaux soldats arrivèrent et essayèrent la résistance : ce fut en vain. Les rebelles étaient supérieurs et par le nombre et par la position. Les Autrichiens, incapables de vaincre, ne pouvaient s'enfuir, cernés qu'ils étaient par l'ennemi.

Alwig, le désespoir au cœur, les larmes aux yeux, contemple une dernière fois ses chers soldats qui vont devenir la proie des barbares.

Sûrs de vaincre, les hérétiques luttent avec une joie féroce ; mais tout à coup, comme pris de frayeur, ils jettent leurs armes et s'enfuient en désordre. Les Autrichiens reprennent courage, poursuivent les fuyards et en font un grand carnage.

Que s'était-il passé ? La très sainte Vierge et saint Fidèle apparurent aux protestants, les menacèrent et les contraignirent de prendre la fuite (1).

C'est ainsi qu'après sa mort saint Fidèle continuait ses conquêtes.

1. Ainsi l'ont attesté les témoins oculaires suivants : Christophe Romer, soldat, Jean-Jacques Frosch, le lieutenant Louis Wietz, les capitaines Michel de Altmannhausen et Alphonse Varéri, Sigismond Frey et le commandant Alwig de Sulz.

Ces attestations ont été faites aux procès informatifs de Coire et de Milan.

CHAPITRE XXIV

LE TOMBEAU

> *Stat in signum populorum, ipsum gentes deprecabuntur, et erit sepulchrum ejus gloriosum.* (Isaïe, XI, 10.)
>
> Il est élevé comme un étendard à la vue des peuples; toutes les nations le prieront et son sépulcre sera glorieux.

Injures contre le martyr. — Compassion des hérétiques. — Sépulture du P. Fidèle. — Une fausseté. — La fleur miraculeuse. — Reconnaissance du corps. — Une discussion entre moine et évêque. — Exhumation. — Incendie de Mayenfeld. — Miracle. — Solennelle translation des reliques. — Le champ de Seljanas.

Pendant que saint Fidèle manifestait sa gloire et sa puissance, son corps restait sans sépulture sur le pré de Seljanas.

L'après-midi du 24 avril, les soldats faits prisonniers à Grüsch par les rebelles furent conduits à la prison centrale. Les hérétiques les firent passer à dessein près du corps du martyr, et ils les retenaient là quelques instants, en se livrant à des blasphèmes et à des plaisanteries indécentes. L'un d'eux dit au soldat Jacques Kolb : « Tiens ! regarde-le ! il est là ton infâme coquin (1). » Puis, de son pied, tirant en arrière le capuchon, il mit à découvert le visage ensanglanté (2).

1. *Ecce, ecce, hic jacet nequam tuus furcifer.*
2. Le soldat Kolb l'a lui-même déclaré au procès de Coire.

Christian Saxer dit à son tour : « Ton Père est arrivé tout droit vers moi. Je lui ai donné un coup si fort que je l'ai étendu à terre. La première fois, je n'ai pas réussi complètement ; mais je lui ai administré un autre *nectar* qui a coulé, celui-là, limpide et clair. Alors il est tombé sur les genoux et s'est écrié : « Jésus, « Marie ! »

« Je lui ai donné sa récompense, ajouta un troisième ; il l'a loyalement méritée parce qu'il voulait extirper notre religion. »

Le lieutenant Frédéric Popp, fait prisonnier, entendit les mêmes grossièretés de la part de son escorte. Lorsque, au soir du 24 avril, les hérétiques le conduisirent de Grüsch à Seewis, ils lui montrèrent le cadavre du P. Fidèle et dirent en ricanant : « Regarde ! c'est là ton Dieu. Maintenant peut-il te secourir ? » Popp répondit : « Celui-ci n'est pas mon Dieu ; mon Dieu est dans le ciel ; celui que vous avez tué est un humble Capucin, et votre crime ne vous rapporte pas fameuse gloire ! » Ils répondirent par de nouvelles grossièretés et en montrant, avec un rire diabolique, le flanc du cadavre bleui par les meurtrissures (1).

Il serait faux de croire que tous les hérétiques fussent animés des mêmes sentiments à l'égard du Saint. Le bas peuple, il est vrai, sauf quelques exceptions, en parlait en termes très irrévérencieux. « C'est bien fait ! » s'écriait-il en

1. Témoignage de Frédéric Popp au procès de Constance.

tirant gloire de ce meurtre, « il voulait extirper notre religion ». Tous les autres habitants, au contraire, déploraient cet assassinat et parlaient de la victime comme d'un Saint. Dans les diocèses de Coire et de Constance (1), en Allemagne, en Bavière, en Italie, il n'y avait qu'une seule voix, parmi les catholiques et les hérétiques (2), pour dire : « Comme il était bon et pieux, le P. Fidèle ! à coup sûr il est en paradis. » Ces paroles étaient souvent accompagnées de larmes sincères.

Le P. Jean de Krunwangen en fut maintes fois témoin depuis sa guérison. Après neuf jours de repos et de soins assidus au château d'Abundius de Salis, il récupéra assez de force pour aller à Seewis vénérer la dépouille sacrée de son bien-aimé P. Fidèle. Déjà elle avait été inhumée. Le matin du 25 avril, le sacristain protestant Johanni, surnommé Stulzhans, contre une somme d'argent que lui donna le baron de Fels, capitaine J. de Colonna, procéda, aidé de son fils, à l'ensevelissement du saint corps qui était resté étendu depuis la veille sur le pré de Seljanas. Une fosse fut creusée près du mur de l'église, et on y plaça d'abord les médailles et la croix espagnole que le Saint portait au cou sous les vêtements. Un des meurtriers avait emporté avec lui une autre croix de bois surmontée d'un cadran solaire, ouvrage du Saint : il la vendit plus tard à Anna Frick, de Feldkirch.

1. Procès de Milan.
2. *Etiam ipsis hæreticis carus et gratus.*

Des écrivains catholiques ont affirmé que les deux enterreurs avaient trouvé le cadavre avec une giberne et un fusil en bandoulière. C'eût été une nouvelle injure des rebelles pour faire croire que le P. Fidèle était mort en combattant. Mais cette affirmation est inexacte ; déjà l'un des premiers historiens de saint Fidèle l'a récusée (1). De tous les témoins oculaires et auriculaires qui ont déposé dans les enquêtes, aucun n'en a fait mention ; et Johanni qui, plus tard, fut pris par les Autrichiens et interrogé sur les événements du Prätigau, a déclaré nettement qu'il n'avait trouvé aucune arme, mais seulement un lien de fer. Saint Fidèle s'en servait pour soulager une infirmité dont il souffrit pendant de longues années.

Johanni ramena le capuchon sur la tête, plaça au-dessous une des sandales comme oreiller, et laissa l'autre au pied ; il croisa aussi bien que possible les mains sur la poitrine, rangea l'habit transpercé et trempé de sang, descendit le corps dans la fosse, le couvrit de terre et planta une croix sur le tombeau. Le P. Jean reçut de ce sacristain le manteau, le bréviaire, la ceinture et quelques autres objets qui étaient à l'usage du Saint et les emporta à Feldkirch (2).

1. P. Lucien de Montifon, *Sacra Probatica cisarulana*, p. 199.

2. Le manteau est encore conservé chez les Capucins de Feldkirch. Le bréviaire est à Lucerne chez les religieuses franciscaines, où nous avons eu le bonheur de le vénérer. Il est en plusieurs endroits taché de sang.

Quelques jours plus tard, des soldats catholiques venus en pèlerinage au tombeau, ne furent pas peu surpris de voir sur le tertre une fleur d'espèce inconnue, d'une beauté extraordinaire et répandant un parfum délicieux. La tige, verte et carrée, parsemée de nœuds, pareille à peu près à celle du jonc marin, était surmontée d'une fleur dont le calice, à demi ouvert, avait des pétales tachetés de gouttelettes de sang. On croyait que c'était un lys (1).

Les botanistes l'étudièrent avec une minutieuse attention et avouèrent qu'il leur était impossible de la classer dans une espèce ou un genre connu. Deux célébrités scientifiques (2) l'examinèrent à leur tour et affirmèrent sous la foi du serment qu'ils n'avaient jamais vu une plante similaire, et que celle-là était miraculeuse (3). A leur avis, Dieu voulut montrer que son fidèle serviteur fleurissait au ciel par la

1. Attestation du soldat Jean-Jacques Frosch.

2. Joseph Mohr et Sébastien Zierler.

3. Le comte Alwig de Sulz, le P. Anselme et le capitaine J.-J. Steiger l'examinèrent aussi lors de la reconnaissance du corps, et avouèrent n'en point connaître de semblable. Dans cette même circonstance, un des soldats de l'escorte coupa la tige et la porta à Coire où l'évêque et les autres notabilités ecclésiastiques l'étudièrent et la vénérèrent. Plus tard, elle fut transférée à Feldkirch et devint la propriété de la noble famille des Broswalden. Les derniers écrits qui en parlent datent de 1686. A ce moment, le docteur en droit Christian Brock, de Feldkirch, vit la tige miraculeuse dans la famille des Broswalden. La description qu'il en fit concorde parfaitement avec celle des témoins oculaires de 1622. Depuis 1686, on ne trouve aucune trace de cette fleur. Il faut supposer qu'elle a disparu.

candeur de sa pureté virginale et par la pourpre de son sang, pendant que sur la terre il continuait à répandre le parfum de la vertu.

Six mois après, le Prätigau était soumis et la paix régnait de nouveau, grâce au courage des Autrichiens et surtout à la protection de saint Fidèle. L'administration diocésaine de Coire et les supérieurs de la Province Suisse songèrent à profiter de ce calme pour transférer les restes précieux du martyr dans un lieu plus honorable et plus accessible à la piété des catholiques.

En octobre 1622 le P. Alexis de Kurweiler, qui avait succédé au P. Fidèle comme préfet apostolique de la Rhétie, désigna le P. Anselme de Bregenz, le P. Gaudence de Laufenbourg, le P. Ignace de Bergame, le P. Erasme d'Oreno, et le Fr. Meinrad de Rapperschwyl, pour aller reconnaître le corps du martyr. Mais, par crainte des espions, l'entrée du Prätigau était interdite sous peine de mort. Force leur fut d'aller d'abord à Mayenfeld demander un sauf-conduit au comte Alwig de Sulz. Ce dernier acquiesça avec bonheur à leur pieux dessein et fit accompagner les délégués par un peloton de soldats sous la conduite du capitaine Steiger.

A Seewis, les soldats autrichiens indiquèrent le lieu de la sépulture du martyr. Maintes fois les hérétiques le leur avaient signalé avec ironie : « Regardez, c'est là que repose votre Capucin. Vous pouvez dire que nous l'avons enterré à la façon des papistes, puisque nous avons même planté une croix sur sa tombe (1). »

Ils trouvèrent la fleur miraculeuse, la coupèrent, et firent ouvrir le tombeau. Tous furent saisis d'une vive émotion de bonheur. On croyait trouver le cadavre en voie de putréfaction, et il était encore tout frais, sans trace de corruption, comme au jour de la mort et exhalant une odeur très agréable. Au côté droit, les côtes étaient enfoncées et brisées; on voyait une grande plaie au pied gauche, la peau séparée et déchirée; au côté droit de la tête, deux grandes ouvertures; à l'habit, du côté gauche, vingt-deux trous faits par les armes. « Comme vous avez été cruels envers ce bon Père! » dit le Fr. Meinrad à deux paysans hérétiques présents à la cérémonie. L'un d'eux lui répondit : « Ce sont quelques rebelles qui ont fait cela. Ils appelaient le P. Fidèle « un hérétique », et avaient juré de rougir leurs épées dans son sang (2). » En disant ces paroles, il paraissait très contristé de la barbarie de ses coreligionnaires.

Les religieux prirent la tête et la main gauche qui étaient séparés, quelques morceaux de l'habit, la corde, les sandales, la croix espagnole, l'*Agnus Dei* et le livre de la Règle qu'ils trouvèrent sur le corps du Saint et fermèrent le tombeau. Puis, escortés par le capitaine Frey avec quelques soldats, ils retournèrent à Feldkirch et déposèrent les reliques dans leur couvent.

1. Témoignage de l'officier Frédéric Popp.
2. Procès de Constance.

Quinze jours après, le 18 octobre, le P. Mathias, Supérieur provincial, voulant faire la translation du précieux corps, arrivait à Seewis, accompagné du P. Alexis et des religieux qui avaient fait le premier voyage. Une escouade de soldats les avait escortés sous le commandement des capitaines Frédéric Popp et J.-J. Steiger.

Le Père Provincial fit ouvrir le tombeau; puis, accompagné du P. Alexis, se rendit à Coire pour trancher un différend avec Jean V, évêque de cette ville. L'évêque réclamait, pour son église cathédrale, le corps tout entier du Saint, sans en excepter la tête, la main gauche, ni les autres objets transportés au couvent de Feldkirch. De leur côté, les religieux revendiquaient le droit de posséder le corps tout entier de leur confrère. Exempt, comme eux, de la juridiction épiscopale, il avait été *leur* pendant sa vie, il devait l'être aussi après sa mort.

Ce motif était plausible. Jean V s'obstina avec opiniâtreté quoique ne pouvant exhiber d'autre titre de possession que celui de sa piété envers le martyr; titre qu'il avait en commun avec les religieux, voire avec beaucoup d'hérétiques.

Cette fois encore, la raison du plus fort prévalut, mais avec une conciliation. Il fut convenu que les Capucins de Feldkirch garderaient ce qu'ils possédaient déjà, et que le reste du corps saint serait transféré dans la cathédrale de Coire pour toujours y demeurer.

A cette nouvelle, les religieux restés à Seewis placèrent le précieux dépôt dans un double cercueil, le portèrent d'abord à Mayenfeld et le déposèrent dans le palais du comte Alwig, général des troupes autrichiennes.

Le lendemain (20 octobre), à minuit, un incendie éclata dans la ville. Activées par un vent violent, les flammes ne tardèrent pas à se communiquer aux maisons voisines. En quelques minutes, le sinistre avait pris des proportions effrayantes : tout flambait en un immense brasier; Mayenfeld n'était plus qu'un océan de flammes. Le palais du général fut atteint aux quatre coins à la fois; déjà les murs se crevassaient, les poutres craquaient, et rien ne pouvait arrêter la marche du fléau. On devine l'épouvante dans laquelle se trouvaient les habitants. Tous s'écriaient que le corps du Saint était brûlé. Que faire? L'accès du château était impossible, si intense paraissait la chaleur. Approcher eût été folie.

Désespéré, le comte Alwig, suivi de deux soldats, se fraye un passage à travers le feu, vole à la chambre où le corps est déposé. O miracle! des vagues de flammes tourbillonnent autour de la chambre sans l'atteindre; elles semblent plutôt la caresser. Encouragés par ce prodige, ils enfoncent la porte, s'emparent du cercueil, et, revenant à travers les flammes, vont le placer en lieu sûr.

Le feu, continuant sa marche irrésistible, approchait du château-fort qui contenait toutes les munitions de guerre. Quarante tonneaux de poudre y étaient enfermés; et, par surcroît de malheur, une certaine quantité était étendue sur les planchers. Encore quelques minutes et tout allait voler en éclats.

Tremblant pour leur vie, les soldats prirent la fuite. Le général lui-même, sans espoir de salut et songeant aux désastres de l'explosion, s'éloigna. « Grand Dieu! s'écrie-t-il, levant les yeux et les mains vers le ciel, si le P. Fidèle est vraiment un Saint, à cause de ses mérites, sauvez le château! délivrez-nous! »

A l'instant, un vent opposé s'élève et chasse les flammes dans une autre direction. Sur l'ordre d'Alwig, les soldats reviennent et entrent dans le château; mais, ô miracle! au milieu de la poudre étendue sur le plancher, ils trouvent des charbons encore incandescents. Le chef d'artillerie s'empresse de les éteindre en les broyant de son pied, sans qu'ils enflamment la poudre (1).

Le miracle était patent et de premier ordre. Ce fut alors un concert d'unanimes actions de grâces à l'adresse du puissant martyr.

Soit par reconnaissance, soit par l'espoir de nouvelles grâces, le comte Alwig ne se hâtait pas de se séparer de son riche trésor, et en différait de jour en jour la translation. Il fallut qu'un avertissement céleste vînt mettre un terme

1. Le miracle a été attesté par le comte Alwig, le capitaine Jean-Macaire Keller, Alphonse Varéri, Jean-Jacques Frosch, Michel Gotenkinig, etc. (Procès de Coire et de Milan.)

à cette dévotion par trop égoïste. Un soir, il vit deux Capucins entrer dans sa chambre, silencieux et tristes. « Qui êtes-vous? et que désirez-vous? » demanda-t-il. Ce fut en vain; ils s'en allèrent sans répondre.

L'un de ces étranges visiteurs ressemblait beaucoup au P. Fidèle.

Les cinq nuits suivantes, la même apparition se renouvela. Chaque fois que le comte les interrogeait, ces religieux, de plus en plus indignés, affectaient de garder le silence, détournaient la tête et fuyaient. Alwig comprit la volonté du Ciel : le saint martyr ne voulait pas que son corps restât plus longtemps dans un lieu profane; il lui fallait un tombeau dans l'église.

Aussitôt commencèrent les préparatifs de la translation.

Elle se fit le 4 et le 5 novembre 1622. Au dire des historiens, jamais les montagnes de l'Helvétie ne furent témoins d'une solennité plus magnifique. Le général de Sa Majesté Impériale plaça le corps du Bienheureux sur un char couvert des tapisseries les plus riches, et attelé de ses plus beaux chevaux pompeusement caparaçonnés. Les troupes de l'Empereur, mobilisées pour la circonstance, formaient une haie aux deux côtés du chemin.

A quelque distance de Coire, l'évêque Jean V vint au-devant, à la tête de tout son clergé et d'une foule immense. Aussitôt des chants de triomphe s'échappèrent de toutes les poitrines.

Au bruit des fanfares et des acclamations du peuple, le cercueil entra dans la ville. Les officiers, commandés par le comte Alwig de Sulz, l'entouraient marchant à pied et tenant en main des flambeaux. Venaient ensuite les membres du gouvernement. Plusieurs régiments, soit de cavalerie soit d'infanterie, fermaient la marche, allant à petits pas, tambours battant, drapeaux et enseignes déployés, pendant que trompettes, hautbois, cymbales et autres instruments de musique faisaient retentir les airs de leurs harmonies comme pour célébrer la gloire d'un vainqueur.

Quand le cortège arriva aux portes de la ville, toutes les cloches s'unirent aux fanfares pour saluer le martyr. L'entrée s'effectua avec une inimaginable splendeur. Les rues étaient tapissées de tout ce que nobles et bourgeois avaient de plus précieux parmi les tentures de leurs appartements. Au milieu de l'illumination générale, les fenêtres paraissaient en feu, et la ville comme embrasée. Des cris de joie s'unissaient au chant des prêtres, aux détonations de l'artillerie et à l'harmonie des fanfares.

Tout ce décor féerique publiait les amoureux transports de ces peuples envers le Saint. Ils proclamaient que l'héroïque missionnaire était « l'honneur de leur nation, le défenseur de la religion, l'ange tutélaire de la patrie ».

Après la cérémonie, les officiers, en présence de l'évêque et du clergé, déposèrent le cercueil dans la crypte, au-dessous de l'autel principal (1). C'est là que des milliers de fidèles sont allés depuis le 5 novembre 1622 et vont encore implorer le grand héros de la foi.

Le premier tombeau, celui de Seljanas, resta jusqu'en 1897 la propriété des hérétiques. Les Capucins de la Province Suisse en ont fait l'acquisition et furent heureux d'y élever une chapelle où l'on célébra la sainte messe, pour la première fois, le 13 juillet 1899, en présence d'une foule de pèlerins transportés de bonheur. Depuis 1622, le saint sacrifice n'avait pas été offert dans ces contrées ravagées par l'hérésie. Des prières ardentes furent adressées au saint martyr pour obtenir la diffusion de la foi. Espérons qu'elles seront couronnées d'un abondant et prochain succès (2).

1. Ce récit est conforme à celui du général en chef, le comte Alwig de Sulz.

2. A quatre kilomètres de Seewis, dans le village de Schmitten, les Capucins de la Province Suisse ont érigé un petit couvent et une église paroissiale en faveur des catholiques dispersés dans la région.

CHAPITRE XXV

MIRACLES

Qui cæcos, claudos, debiles,
Illustras, sanas, roboras,
Mutis loquelam tribuis,
A morte infantes eripis...

(Hymne à saint Fidèle.)

Tu rends la vue aux aveugles, redresses les boiteux, fortifies les faibles, obtiens la parole aux muets, arraches de la mort les petits enfants...

Leur multitude. — Joachim de Colonna. — La femme en démence. — Nicolas Hammerer et sa fille. — Catherine Taunin. — Mlle Schmid. — Mlle Walser. — Le forgeron Pierre Jux. — Joseph Kyrner. — Le P. Candide. — Le jésuite Forer. — La tempête apaisée. — Le puits des Dominicaines. — Catherine Knupfler. — Les mères. — Une Salzbourgeoise. — La ressuscitée de Saint-Chamond. — Autre résurrection. — Jean Jodoci. — Conservation de la foi. — Bienheureux Joseph-Didace de Cadix. — Béatification et canonisation.

Quand on parcourt la nomenclature des miracles opérés par l'intercession de saint Fidèle, on ne peut se défendre de lui décerner l'éloge que les Juifs faisaient de Notre-Seigneur Jésus-Christ : « Grâce à lui, les aveugles voient, les boiteux marchent, les lépreux sont guéris, les sourds entendent, les morts ressuscitent (1). »

1. Matth., XI, 5 ; Luc, VII, 22.

Ces miracles sont si nombreux que plusieurs volumes in-folio ne suffiraient pas à les relater. Le P. Lucien de Montifon (1), dans un ouvrage édité cinquante-deux ans après la mort de saint Fidèle (1674), en relate trois cent cinq qui ont été insérés, spécifiés et bien circonstanciés dans les procès-verbaux préparatoires à la béatification. Nous allons en mentionner quelques-uns.

« Par l'intercession du saint martyr, a écrit le capitaine Joachim de Colonna (2), j'ai reçu plusieurs grâces, entre autres celle de ma délivrance de captivité.

« Durant mon séjour à la prison de Grüsch, des bandits y pénétrèrent criant : *à mort!* et s'apprêtaient à me frapper. C'était ma fin, je n'en doutais pas. Pour me rendre facile le terrible passage, j'invoquai le P. Fidèle; aussitôt, contre toute espérance, les malfaiteurs prirent la fuite et ne revinrent jamais.

« Un autre jour, je reçus la visite d'un insurgé

1. *Sacra Probatica cisarulana.* — Dans ce livre, il relate aussi des miracles dont il fut le témoin oculaire ou auriculaire. En voici quelques-uns : vingt et un aveugles ont recouvré la vue; six muets, la parole; cinq sourds ont été guéris. Plusieurs personnes affligées depuis longtemps de maux de tête si violents qu'elles se croyaient près de perdre la raison ont été subitement guéries par le seul attouchement du crâne ou de quelque autre relique du Saint. (Il en cite trente-six.) Onze malades privés de raison, cent six impotents des pieds ou des mains, quinze fiévreux, deux éthiques, sept ulcérés, cinq pestiférés, six agonisants furent tous subitement guéris par l'intercession du saint martyr. On a de même obtenu des pluies abondantes en temps de sécheresse; d'autres personnes ont été délivrées de tentations violentes, etc.

2. Procès de Milan.

qui me dit : « Je vais te refroidir! » A cette menace faite d'un ton railleur, il ajouta toutes sortes de blasphèmes contre notre foi et contre la très sainte Vierge. Selon mon habitude, j'eus recours au glorieux martyr, et à l'instant le cannibale prit la fuite sans me faire d'autre mal. La nuit suivante, il fut frappé de mort ; et le lendemain, le cortège funèbre qui accompaguait son cadavre au cimetière passa sous les fenêtres de ma prison, pendant que le geôlier, terrifié lui-même, disait : « Le voilà celui qui « vous menaçait de la mort! »

Peu après, les portes de la prison s'ouvrirent devant moi, et je récupérais ma liberté.

La confiance en l'intercession du saint martyr s'accrut beaucoup à la suite d'une guérison obtenue quelques jours après sa mort.

Laissons le P. Jean de Kruwangen relater lui-même le miracle (1) : « C'était au mois de mai 1622, a-t-il écrit, durant mon séjour au couvent de Feldkirch, une pauvre femme en démence se présenta à la porte : son absence de raison et sa fureur prenaient souvent de telles proportions qu'elle fuyait dans les bois et cherchait à se donner la mort. Tous les habitants de la ville et des environs la connaissaient et en avaient compassion. Plusieurs médecins la traitèrent, mais sans aucun résultat. « Peut-« être, me disais-je, Dieu a-t-il réservé la guérison « de cette infortunée à l'intercession de notre

1. Procès de Coire.

« glorieux martyr! » A cette pensée, je pris la ceinture du P. Fidèle et la plaçai sur la tête de la malade. « Comment vous trouvez-vous? » lui dis-je ensuite. « Bien; comme quelqu'un dont « la tête a été soulagée d'un fardeau pesant un « quintal. » Sur mon conseil, elle alla, munie d'un fragment de la ceinture, prier le Saint dans la chapelle. A son retour, elle ne sut que me dire : « Je vais excellemment bien; je suis gué- « rie! » Depuis ce jour la maladie ne signala jamais plus sa présence. »

Le noble Nicolas Hammerer, secrétaire d'État à Constance, avait contracté une maladie articulaire si violente qu'il lui était impossible de remuer les pieds sans le secours de quelqu'un. Le P. Apollinaire, frère du bienheureux martyr, alla le voir. Après quelques paroles d'exhortation à la patience, il le pria de lui montrer ses pieds. Sans que Hammerer s'en aperçût, il les fit toucher par le manteau du Saint, dont il était revêtu; puis il dit adieu et partit.

La fille de ce monsieur, âgée de neuf ans, avait un œil qu'elle ne pouvait ouvrir depuis plusieurs années. Elle se fit un devoir d'accompagner quelques pas l'auguste visiteur. Celui-ci portait constamment sur lui un petit os de la main gauche de son frère. Il l'appliqua sur l'œil malade comme pour le caresser et rentra au couvent. Il avait à peine franchi le seuil de la maison que Nicolas Hammerer, se sentant soulagé, quitta le lit et se mit à marcher dans sa chambre. Comme le jour était à son déclin, il n'essaya pas de sortir.

Le lendemain matin, sa fille, toute radieuse, courut le saluer en disant : « Papa ! papa ! regardez mon œil ; il voit, il est guéri ! » De fait, l'œil était clair et beau. Hammerer ne douta point que cette double guérison était due à l'intercession du cher martyr. Pleurant de joie, il tomba à genoux et remercia son céleste bienfaiteur (1623) (1).

A Rankweil, la petite Catherine Taunin jouait avec ses compagnes, un couteau à la main. Un faux mouvement lui fit enfoncer la pointe de ce couteau dans son œil dont la pupille fut transpercée. La pauvre enfant pleurait, criait. Les oculistes les plus en renom furent appelés ; après plusieurs tentatives infructueuses, ils déclarèrent que l'œil ne guérirait jamais. Durant un mois, la malade souffrit d'atroces douleurs, sans avoir une heure de calme et de repos.

Les hommes ne pouvant rien, la mère se tourna vers Dieu et décida de conduire sa fille à Feldkirch pour la présenter au puissant thaumaturge. Son entourage l'en dissuadait : « La guérison est impossible », disait-on. Pleine de cette ardeur dont les mères ont seules le secret quand il s'agit du bonheur de leurs enfants, elle emmena sa petite malade à l'église des Capucins de Feldkirch. Sur sa demande, les religieux firent toucher le crâne du Saint à l'œil infirme

1. Procès de Constance.

et, après quelques prières ferventes, on reprit le chemin de Rankweil. A peine rentrée à la maison, la mère regarda l'œil de sa fille; il n'y avait plus de cicatrice. Elle examina de plus près : la pupille était brillante, claire, sans aucune trace de maladie, et la petite Catherine voyait de cet œil aussi bien que de l'autre. Transportée de bonheur, l'heureuse mère s'écria : « Par l'intercession du P. Fidèle, notre martyr, le Créateur a donné un autre œil à mon enfant. »

Une autre jeune fille, Anna Schmid, de Geisengen, devint muette à la suite d'ulcères qui lui rongèrent la bouche. Aucune parole ne pouvait tomber de ses lèvres. Les parents, après avoir en vain fait appel aux ressources de l'art médical, accomplirent trois pèlerinages à un sanctuaire dédié à la sainte Vierge; mais, par un incompréhensible dessein de la Providence, l'enfant ne guérissait pas. Ces braves gens pensèrent que Dieu voulait accomplir ce miracle par l'intercession du saint martyr. Dans cette pensée, ils firent vœu de conduire trois fois leur enfant à Feldkirch pour vénérer les reliques du Bienheureux. Au premier voyage, à peine eurent-ils commencé leur prière que la jeune fille se mit à dire d'une voix distincte : « Maman! maman! » Au second, la voix devint encore meilleure; enfin, au retour du troisième voyage, tandis que la mère préparait le repas des pèlerins, l'enfant entra dans la cuisine et dit : « Que faites-vous, maman? est-ce que vous me préparez de la nourriture? » La mère, croyant à une apparition, tremble et tombe évanouie. Revenue à elle-même, elle entend de nouveau les paroles claires, distinctes de sa fille. Tressaillant de joie, elle se met à remercier Dieu et Fidèle son martyr.

La fille de Nicolas Walser était au service de la comtesse Fuggerin, comme demoiselle de compagnie. En peu de jours, à la suite d'on ne sait quoi, elle fut atteinte d'une surdité complète. En vain la patronne transmettait des ordres, la demoiselle n'entendait rien. La noble Fuggerin, obéissant à la nécessité d'avoir auprès d'elle une personne à l'oreille sûre, docile et patiente, congédia la jeune Walser.

Les parents de la malade mirent tout en œuvre pour la guérir : consultations, remèdes, soins assidus; mais rien n'apporta la plus légère amélioration. On la conduisit à Einsiedeln, au célèbre sanctuaire de Notre-Dame des Ermites; la sainte Vierge ne jugea pas à propos d'intervenir.

Dieu réservait la gloire de ce miracle à son fidèle serviteur. Les époux Walser se disaient : « Puisque le glorieux martyr opère des miracles si nombreux et si éclatants, ne guérira-t-il pas notre fille! » Assurés du succès de leur démarche, il émirent un vœu en l'honneur de l'apôtre des Grisons, et, autant qu'ils le purent, en donnèrent connaissance à leur chère malade. Celle-ci se retira dans sa chambre, puis, agenouillée, l'image de saint Fidèle en mains, elle conjura le céleste protecteur de la guérir. Sa prière était à peine achevée que soudain un coup de canon sembla retentir dans sa tête et la projeta à terre. Promptement relevée, elle courut raconter le prodige à ses parents et, ô miracle! elle entendit parfaitement leurs paroles. La surdité avait disparu.

Un forgeron de Feldkirch, Pierre Juz, gisait depuis longtemps sur un lit de souffrances : les bras étaient raidis et les jambes paralysées par une tumeur incurable. On l'aurait dit revêtu d'une invisible camisole de force. Un vendredi de Carême, pendant que ses enfants assistaient à la prédication, le pauvre malheureux fixa ses regards sur une image de saint Fidèle, suspendue à la muraille, l'invoqua, les larmes aux yeux, et s'endormit. A son réveil, ses bras, depuis longtemps engourdis, s'ouvrirent sans peine; les jambes ne ressentaient aucune douleur. Sur-le-champ il se lève, marche, et constate qu'il est complètement guéri.

Le petit Joseph Kyrner n'était pas encore à la fin de sa première année quand il fut atteint de la vérole. Cette lugubre maladie se dissipa, mais laissa de son passage un souvenir plus lugubre encore : les os des tibias reçurent une courbature très prononcée, et dans les articulations se formèrent des nœuds très durs et d'insolite grandeur. Le pauvre petit, incapable de marcher, se traînait, les pieds recourbés, et à la façon des quadrupèdes. Toutes les ressources médicales échouèrent devant l'inexorable infirmité qui empirait chaque jour et rendait les mouvements de plus en plus difficiles.

Devenu un peu plus grand, l'enfant se servit de deux béquilles, mais non sans beaucoup de peine. Cette situation désolante durait depuis deux années. A ce moment (1729) les Capucins de Fribourg célébrèrent, au milieu d'un grand concours de peuples, la fête de béatification du glorieux martyr des Grisons. Mme Kyrner, retenue par la maladie, ne put y prendre part, et dut se contenter de prier ardemment le Bienheureux en faveur de son fils, et promettre de le conduire à l'église du couvent dès que ses forces le permettraient. Elle tint parole. Trois fois le petit malade fut porté près des reliques du glorieux martyr, et sa mère, par sa parole et ses sanglots, suppliait le puissant thaumaturge d'avoir pitié de son cher enfant : « Ce malade vous est consacré, s'écriait-elle, hâtez-vous de le guérir ! »

Au troisième voyage, le petit Joseph, assis près de sa mère et les yeux fixés sur l'image du Bienheureux, sentit ses jambes s'affermir, se leva, jeta ses béquilles et se mit à gambader joyeux dans l'église. Il était complètement guéri (1) !

Ce miracle a été mentionné par Benoît XIV dans la Bulle de canonisation, ainsi que le suivant.

Le P. Candide de Milan, de résidence au cou-

1. Procès de Coire et Constance.

vent de cette ville, était accablé d'une véritable légion de maladies. Sans être continues, elles se produisaient fréquentes, avec des symptômes qui déconcertaient la science des médecins. Le début se traduisait par un froid excessif, avec des douleurs d'entrailles très aiguës, jointes à une grande difficulté de respiration et à des palpitations de cœur, fortes et précipitées. Après ces premières atteintes, le malade paraissait extravaguer, se débattait en d'étranges contorsions suivies de grincements de dents, et d'un tremblement général de tout le corps. Dans la véhémence de ces convulsions, les religieux les plus forts avaient peine à le tenir; malgré leur attention, il échappait souvent de leurs mains, se roulait à terre ou se heurtait la tête contre les murailles. Ces accès duraient quatre ou cinq heures, quelquefois des jours et des nuits entières, avec des cris, ou, pour mieux dire, des hurlements affreux. Tout ce qu'il mangeait et buvait était rejeté à l'instant.

Ces tortures duraient depuis dix années. Les maîtres dans l'art médical épuisèrent toutes leurs ressources sans obtenir une amélioration quelconque. Vers la fin de la dixième année, l'infortuné religieux était devenu perclus de tous ses membres. A tour de rôle, ses confrères le veillaient jour et nuit, croyant, à chaque minute, qu'il allait expirer.

A l'approche du dimanche des Rameaux (1729), toutes les conversations avaient pour objet la prochaine béatification du vénérable

P. Fidèle, martyrisé par les protestants. Le P. Candide accueillit cette nouvelle avec une grande joie; une voix intérieure lui disait : « Le médecin qui te guérira, c'est lui! » Il fit part de cette inspiration à ses intimes, ajoutant qu'il serait rétabli le jour des Rameaux par l'intercession de leur glorieux confrère. Le soir du samedi, il pria le Bienheureux de lui obtenir une nuit tranquille et de le délivrer des vomissements, afin de pouvoir communier le lendemain. On lui porta son repas qu'il mangea sans rien rejeter; et, suivant son désir, il passa une nuit excellente. Le lendemain matin, après s'être confessé, il se traîna à l'église pour célébrer la sainte messe. Rentré à l'infirmerie, il fit placer devant lui l'image du saint protecteur et le pria en ces termes : « O saint martyr du Christ! nous sommes frères; de tous les deux le séraphique François est le Père. C'est de vous que je veux recevoir la santé; comme preuve de ma guérison, voici ce que je propose : dès que je serai guéri par votre secours, faites que je puisse immédiatement réciter les matines. »

A peine eut-il fini de parler, qu'il prit son bréviaire, et récita sans peine les matines du jour des Rameaux, bien qu'elles soient très longues. A la fin il se sentit calme, fort à l'aise; jetant aussitôt les bandelettes qui enlaçaient son estomac, il se rendit au chœur, récita, debout comme les autres, toutes les heures canoniales, et assista à la cérémonie, au grand étonnement des religieux qui croyaient être témoins d'une apparition d'outre-tombe. A midi, il suivit ses confrères au réfectoire et mangea avec un fort appétit. Après le dîner, reprenant les sandales qu'il n'avait pu mettre aux pieds depuis longtemps, il fit une course de sept milles et rentra au couvent plein de vigueur et de santé. Grâce à l'intercession du bienheureux martyr, la guérison avait été complète (10 avril 1729) (1).

Le P. Laurent Forer, jésuite et écrivain renommé (2), venait de passer quelques semaines en traitement dans une station thermale de la Rhétie, et retournait en son collège. Arrivé à Feldkirch, il fut saisi d'une fièvre si violente, que les médecins désespéraient de le guérir. « Puisque les remèdes humains sont impuissants, dit-il, d'une voix expirante, je veux recourir au P. Fidèle. Apportez-moi un peu de vin dans la tasse dont il a fait usage. » On lui donne cette boisson. Au lieu de le tuer, selon la prédiction des médecins, ce rafraîchissement lui enleva totalement la fièvre. Le lendemain il partait à pied, traversait une haute montagne et arrivait sain et sauf à domicile.

Un officier supérieur, Melchior Ludovic de Luxembourg, traversait la mer Baltique avec sa cohorte distribuée sur deux bateaux. Tout à coup un vent impétueux se mit à enfler les eaux et à soulever des vagues énormes. Les pilotes,

1. *Vita B. Fidelis a Sigmaringa,* a P. Silvestro a Milano (1740).

2. Ses principaux ouvrages sont : *De mysteriis Fidei, de antiquitate Papatus, de vita Jesu-Christi,* etc.

impuissants à résister à la tempête, abandonnaient le gouvernail, et s'écriaient : « Nous sommes perdus. » Vergues et mâts étaient brisés ; les flots, projetés sur les ponts, inondaient la cale. A chaque secousse, les soldats se croyaient submergés. Sans espoir du côté de la terre, ils levèrent les yeux au ciel, et tous ensemble invoquèrent le martyr des Grisons : « Bienheureux Fidèle, martyr, sauvez-nous, nous périssons ! » A peine le nom de Fidèle fut-il prononcé, que l'ouragan s'apaisa, les ondes se calmèrent, et, après quelques minutes, la mer s'étendait en nappe tranquille, reflétant l'azur étoilé du ciel.

Durant une sécheresse, les religieuses dominicaines d'Altenstadt n'avaient plus d'eau dans l'intérieur de leur couvent. Force leur était d'aller chercher plus loin l'indispensable liquide au préjudice de l'observance régulière. Pour obvier à cet inconvénient elles firent creuser un puits dans leur jardin. Déjà les ouvriers avaient atteint une profondeur considérable et l'eau ne venait point. Réduites aux abois, les pauvres Sœurs ne trouvèrent qu'une ressource : invoquer le bienheureux Fidèle. Elles se réunirent au chœur, firent de vives instances au puissant martyr, le conjurant de venir à leur secours. » Pendant qu'elles exprimaient ces prières, les ouvriers virent surgir une eau limpide qui remplit le puits jusqu'à la margelle, et ne cessa jamais de s'approvisionner. Durant de longues sécheresses, pendant que les fontaines et les rivières de la contrée étaient à sec, le puits des religieuses a constamment fourni une eau fraîche et abondante.

A l'exemple du divin Rédempteur, saint Fidèle ne commande pas seulement aux forces de la nature, à toutes les maladies, aux vents et aux tempêtes, mais il exerce encore son empire sur les démons et sur la mort. En voici des preuves.

Catherine Knupfler, de Schwyz, dès le premier jour de sa vie fut donnée au démon par une sage-femme qui avait spontanément offert ses services. Cette misérable, condamnée plus tard à la torture, avoua, au milieu des supplices, qu'elle avait fait entrer le démon dans l'enfant par l'intermédiaire d'une boisson. La petite Catherine était horriblement tourmentée. Le jour de sa première communion, écumant de rage, elle refusait d'approcher de la table sainte. Contrainte de s'y présenter et de recevoir la sainte Hostie, son estomac se soulevait comme pour la rejeter. A voir ses contorsions chaque fois qu'elle communiait, il n'y avait pas à douter qu'elle ne fût possédée et remplie d'une foule d'esprits mauvais.

A l'âge de seize ans, on la conduisit à Einsiedeln, au sanctuaire de Notre-Dame des Ermites. Le prêtre qui reçut la manifestation de son âme, s'efforça de chasser les démons par la vertu des exorcismes; mais ce fut sans heureux résultat. Catherine, furieuse, grinçant des dents, partit torturée comme auparavant par les esprits infernaux.

Le mal semblait même empirer. Parfois la figure et le cou de la possédée s'enflaient à tel point qu'il lui était impossible d'articuler une parole. Durant plusieurs jours, elle ne voulait pour nourriture que du sable et de la chaux ; elle se frappait, se heurtait la tête contre les murailles, s'arrachait les cheveux.

Les époux Knupfler ne reculèrent pas devant les frais nécessaires à un second pèlerinage, et cette fois à Milan, au tombeau de saint Charles Borromée. Là, un excellent religieux de la Compagnie de Jésus, homme d'une science et d'une vertu éminentes, passa dix jours à faire des exorcismes sur la possédée ; mais Dieu, par un dessein qu'il serait téméraire de vouloir approfondir, ne permit pas que ce saint homme réussît mieux qu'on ne l'avait fait à Notre-Dame des Ermites. La Providence en réservait la gloire à saint Fidèle.

La renommée des miracles opérés par l'intercession du martyr était alors répandue dans toute la Suisse et l'Allemagne. Catherine en avait connaissance et demanda à faire un pèlerinage à Feldkirch, où se trouve une partie des reliques du Saint. Les démons tourmentèrent si cruellement leur victime, que, par ordre du magistrat, on dut la lier, la hisser sur un cheval, et la mener par force à l'église des Capucins de Feldkirch. Tous ceux qui la voyaient passer prenaient la fuite, effrayés qu'ils étaient par cet horrible spectacle.

A peine les pèlerins furent-ils entrés dans

l'église que les démons se mirent à hurler, à vomir mille injures contre les religieux du couvent et contre le Saint qui les torturait. Bientôt la malade se trouva mieux. Après six jours d'exorcisme, et sans renouveler cette prière, on posa le crâne du martyr sur la tête de la possédée. Aussitôt elle rejeta par la bouche une vieille clef toute rouillée, et deux légions de démons, à la suite de leur chef, disparurent pour toujours, comme l'avoua par force l'esprit malin lui-même. La jeune fille, enfin délivrée, possédait un bonheur qu'elle n'avait jamais connu. (C'était le 27 janvier 1692.)

Nous l'avons écrit au premier chapitre : ce fut par un miracle que notre héros vint au monde sain et sauf, et que sa mère échappa à la mort ; aussi, du haut du ciel, écoute-t-il avec une bienveillance spéciale les requêtes des mères exposées au même malheur. Le P. Lucien, dans le livre déjà cité, mentionne vingt-huit femmes qui, après de longues douleurs d'enfantement, sans avoir pu être soulagées par les secours humains, furent délivrées contre toute espérance, les unes en se ceignant de la corde qui avait servi au bienheureux martyr ; les autres en buvant dans la tasse dont il avait fait usage ; quelques-unes en implorant son secours avec une parfaite confiance (1). En voici un trait arrivé quelques jours après le martyre.

1. En diverses contrées de la Suisse et de l'Allemagne, l'usage a longtemps existé de faire toucher aux reliques du Saint des morceaux d'étoffe que les mères portaient sur elles.

La femme d'un soldat de Salzbourg endurait depuis trois jours d'intolérables douleurs d'enfantement. Malgré leurs ressources, les médecins perdaient tout espoir de la sauver. Sur le conseil de la comtesse de Hohenems, une personne alla recommander la malheureuse aux prières des religieux capucins. Le P. Jean de Kruwangen lui fit porter la ceinture de voyage du bienheureux P. Fidèle. En la recevant, la moribonde la baisa avec une confiante piété et ajouta : « Oh ! le P. Fidèle, je l'ai très bien connu; aussi j'espère avec assurance qu'il m'obtiendra grâce auprès de Dieu. » Elle ceignit le pieux souvenir, et à l'instant toute douleur disparut. Après avoir sommeillé quelques minutes, elle fut heureusement délivrée (1).

Saint Fidèle possède encore la spécialité de rendre la vie aux enfants frappés de mort sans avoir reçu le sacrement de baptême.

Le P. Lucien cite six mort-nés rendus à la vie par l'intercession du Bienheureux. En outre, plusieurs enfants morts sans baptême sont revenus à la vie dès qu'ils furent déposés dans le berceau du Saint, conservé à Sigmaringen.

Relatons deux miracles à ce sujet.

Avant la révolution de 1793, l'église des Capucins de Saint-Chamond (Loire) contenait une petite chapelle dédiée à notre glorieux martyr. Comme en Suisse et en Allemagne, le thaumaturge y faisait éclater sa puissance.

1. Ce trait a été relaté par le P. Jean au procès de Coire.

Aussi accourait-on de toutes parts pour en solliciter des faveurs.

Le 18 juin 1730, une famille de Doizieux (canton de Saint-Chamond) apporta à l'église des Capucins le cadavre d'une petite fille mort-née, afin d'en obtenir la résurrection par l'intercession de saint Fidèle. Pendant que la sainte messe se célébrait à l'autel principal en faveur de la défunte, son cadavre était déposé sur l'autel de la chapelle du Saint : les assistants, très nombreux, l'examinaient avec anxiété ; il était noir, livide, comme le sont les corps morts au début de la corruption. Tout à coup le visage prit une couleur vermeille, la chair devint semblable à celle d'un enfant plein de vie, la tête s'agitait, les lèvres étaient ouvertes. « Miracle ! miracle ! crièrent les spectateurs, elle est ressuscitée ! » Le Supérieur du couvent fut appelé ; et devant une nombreuse assistance, constata la réalité de la résurrection, baptisa l'enfant et dressa sur-le-champ procès-verbal du prodige obtenu par l'intervention du très puissant martyr.

Une personne de Meiningen, près de Feldkirch, éprouvait, à la naissance de chaque enfant, des douleurs très violentes qui la mettaient à deux doigts de la mort. De nouveau elle allait devenir mère, et ses souffrances recommencèrent plus vives que jamais. Sa piété envers la sainte Vierge lui inspira des supplications ardentes pour obtenir de cette Reine du Ciel la conservation de sa vie et de celle de son enfant. Mais la célèbre avocate refusa de l'exaucer, voulant faire accomplir le miracle par l'entremise de son fidèle serviteur. M. Walser, à la vue de l'état désespéré de son épouse, recourut au saint martyr et le conjura d'avoir pitié de sa pauvre malade. Sa prière reçut le plus bienveillant des accueils pour ce qui concernait son épouse ; par contre, l'enfant que Dieu lui envoyait était mort, difforme et tout noir. « Un monstre, s'écria-t-il d'une voix étouffée par les sanglots, si au moins il avait pu recevoir le baptême ! » Sa femme lui répondit : « Notre protecteur qui m'a sauvée ne pourrait-il pas ressusciter notre enfant ? Prions-le encore ! » Tous les deux tombent à genoux, et à la force de leurs prières unissent celle de leurs larmes. Le bon thaumaturge ne pouvait résister à ce spectacle. Pendant que les infortunés époux prient avec ardeur, le cadavre s'agite, ouvre les yeux. Le père et la mère croyant à un rêve, l'examinent de près : il était bien ressuscité ; et de plus, sans difformité aucune, plein de vigueur : le monstre était devenu un charmant petit enfant. Aussitôt il fut porté à l'église pour y recevoir le baptême ; et, en souvenir de son céleste protecteur, on lui conféra le nom de *Fidèle*.

La résurrection d'un mort compte parmi les plus grands miracles ; or, la résurrection d'un mort spirituel, c'est-à-dire la conversion, est un miracle encore plus éclatant. Celui-ci, saint Fidèle l'a accompli maintes fois durant sa vie, et n'a pas cessé de l'accomplir jusqu'à nos jours. Nous ne citerons qu'une seule de ces conversions, celle de Jean Jodoci, prédicant, pasteur de Pontrésima et collègue des bourreaux du saint martyr.

De bonne heure il se révéla sectaire, ardent propagateur de la religion de Calvin ; tout jeune encore il l'enseignait dans les écoles. Les catholiques lui inspiraient une telle aversion, que, pour détruire plus sûrement leur religion dans le peuple, il obtint du gouvernement l'autorisation de faire ériger à Sondrio, ville la plus importante de la Valteline, un collège protestant où l'on enseignerait les erreurs de Calvin. La jeunesse de cette localité et celle des alentours, pensait-il, une fois imbue de la doctrine de la Réforme, luttera avec énergie contre le papisme.

Tandis qu'il méditait ce plan satanique, on lui apprit que le P. Fidèle avait été assassiné dans le Prätigau. Il fut curieux de connaître en détail toutes les circonstances de cette mort. Un des bourreaux lui raconta que la fermeté du religieux, au milieu des tourments, avait été invincible. « A mesure qu'on le frappait, dit-il, son visage devenait plus joyeux, plus riant, il paraissait heureux de souffrir. Bien plus, il a demandé à Dieu le pardon de ses meurtriers. »

Ce récit impressionna fort le ministre protestant. « La religion qui suscite un tel héroïsme, se dit-il à lui-même, doit être la seule vraie, celle de Jésus-Christ. » Sans retard il alla trouver le P. Ignace de Bergame, lui demanda quelques explications sur nos dogmes, et abjura la secte calviniste pour embrasser la religion catholique, apostolique, romaine. Il ne s'en tint pas là. Non content d'avoir ouvert les yeux à la lumière, sa conscience lui ordonnait encore de réparer tous ses scandales, et d'arracher du sein des ténèbres les âmes qu'il y avait plongées. On le voyait parcourir les rues, les places publiques les plus fréquentées, criant à la foule : « Sachez que jusqu'ici j'ai enseigné l'erreur. La foi que prêchait le martyr Fidèle, et les dogmes qu'exposent les missionnaires capucins sont la vérité. Aussi je vous en conjure : sortez de la secte de Calvin ; suivez l'Église romaine ; chez elle seule on trouve le salut éternel. »

Dans la suite, désireux de pratiquer plus fidèlement la religion, il quitta sa famille, sa patrie, ses biens, et se retira à Milan où il vécut et mourut en excellent catholique (1).

Notre héroïque défenseur de la foi obtient la conservation de cette vertu à tous ceux qui l'invoquent avec confiance. Plusieurs familles françaises l'ont expérimenté et l'expérimentent encore : ce sont les descendantes du noble de Rinck de Baldenstein (2) qui fut un insigne bienfaiteur de l'Ordre Franciscain. Saint Fidèle était son ami intime. Dans une des deux lettres qu'il lui écrivit de Rheinfeld (3), il promit le secours de ses

1. Procès de Milan.

2. Les familles unies par des alliances aux de Rinck de Baldenstein sont : les comtes de Montjoie-Vauffrey, de Grivel, de Moulignon, d'Aligny, de Menthon, etc.

3. Ces lettres sont conservées dans les archives de la famille Rinck de Baldenstein à Fribourg-en-Brisgau.

prières et à lui et à ses descendants, promesse qui s'est réalisée et a produit les grâces les plus signalées, notamment la conservation de la foi au milieu des révolutions religieuses. Ainsi, au XVIIIe siècle, alors que tant de gentilshommes ont donné tête baissée dans le voltairianisme, aucune de ces familles dévouées à saint Fidèle n'a sombré. Elles ont conservé, intacte et vive, la foi de leurs pères, comme elles la conservent encore aujourd'hui.

Ajouter que leur reconnaissance est très grande serait superflu. Chaque membre de ces nobles familles porte, avec un premier nom de baptême, celui de *Fidèle*; et les parents, selon l'expression de l'un d'eux, s'efforcent de faire entrer *à clous et à chevilles*, c'est-à-dire par tous les moyens, cette dévotion dans l'âme de leurs enfants.

Qui peut compter le nombre d'âmes que l'exemple ou la protection de notre héros ont préservées du naufrage en les attirant dans la forteresse de la vie religieuse? Nous nous bornerons à un seul trait de ce genre.

Vers le milieu du XVIIIe siècle, un jeune gentilhomme espagnol, Joseph Lopez Caamâno, aimait à converser avec un vieux Frère du couvent de Cadix. Les paroles et l'exemple du bon vieillard le détachaient peu à peu du monde pour lequel il ne tarda pas à concevoir de l'horreur. La vie religieuse lui souriait, et il en vint à croire fermement que c'était la vocation que la divine Providence lui avait assignée. Mais dans quel ordre la pratiquer? Le gentilhomme hésitait. Un jour il fit part au Frère de son angoissante perplexité. Celui-ci eut l'heureuse inspiration de lui prêter la *Vie de saint Fidèle de Sigmaringen*. Joseph Lopez la lut, ou plutôt la dévora. Chaque ligne l'enflammait d'une ardeur surnaturelle, et des désirs qu'il n'aurait jamais soupçonnés s'éveillaient en son âme. Transporté d'un bonheur jusque-là inconnu, il alla rendre le volume à son vieux mentor et lui dit : « Mon Frère, moi aussi je veux me faire capucin; moi aussi, comme saint Fidèle, je veux être missionnaire. » Il tint parole. Docile à la voix de Dieu, il renonça à toutes les vanités terrestres qu'un brillant avenir lui faisait espérer, revêtit la bure franciscaine; et, par sa parole, par ses vertus, par ses miracles, il devint le grand apôtre de l'Espagne et du XVIIIe siècle (1) : c'est le bienheureux Joseph-Didace de Cadix.

La sainte Église ne devait pas tarder à élever sur les autels cet illustre serviteur de Dieu. La chrétienté le demandait avec ardeur. Aux évêques et aux cardinaux s'unissaient les princes, les rois, les empereurs, pour solliciter du Vicaire de Jésus-Christ une prochaine béatification. Voici en quels termes Charles de Lorraine formulait son désir : « Je supplie Votre Sainteté de trouver bon qu'apprenant à mon retour de la campagne les instances que l'on fait à Votre

1. Léon XIII. (Bref de la béatification, 10 avril 1894.) *Homo missus a Deo, Hispaniæ et XVIII Sæculi Apostolus, et alter denique Paulus.*

Sainteté pour la sanctification du Vénérable P. Fidèle de Sigmaringen, Capucin, je joigne mes prières à celles de tant de Princes et d'États qui agissent vers Votre Sainteté pour rendre plus éclatant le mérite de ce grand serviteur de Dieu et donner aux fidèles de nouveaux motifs d'imiter sa vertu, etc... (Inspruck, le 29 décembre 1686.) (1). »

Benoît XIII fit justice à tous ces désirs. Par un décret du 12 mars 1729 (2), il promulgua la béatification qui fut célébrée le 29 mars suivant dans la basilique de Saint-Jean de Latran, au milieu d'un immense concours de pèlerins (3).

La chrétienté n'était pas encore satisfaite. Comme l'a déclaré Benoît XIV, dans la bulle *Vinea electa*, elle voulait l'inscription du bienheureux Fidèle au catalogue des Saints. A l'exemple de son père Charles VI, Marie-Thérèse, reine d'Autriche, s'unissait aux autres souverains pour demander la canonisation de l'ardent défenseur des droits de sa maison. Plus que tous les autres, les cardinaux qui composaient la Sacrée Congrégation de la Propagation de la Foi, heureux d'honorer le premier martyr des missionnaires envoyés dans tout l'univers par leur Sacrée Congrégation, désiraient lui donner le nom de *Saint*. Benoît XIV exauça leurs vœux. Le jour de la solennité des saints Pierre

1. Archives du Vatican. *Lettere dei Principi e titolati.*
2. *Beatorum martyrum* : Bullaire des Cap., t. I, p. 183.
3. La relation de la cérémonie est dans le *Bullaire*, t. VIII, p. 98-99, note.

et Paul, 29 juin 1746, en présence de 30 cardinaux, 150 évêques, 3.000 ecclésiastiques, 4.000 religieux, sans compter une multitude d'étrangers, le Docteur infaillible promulgua solennellement le décret de canonisation (1), et inscrivit le bienheureux Fidèle au catalogue des Saints.

Le 16 février 1771, le pape Clément XIV étendit son office à l'Église universelle, et, à l'exemple de ses prédécesseurs Benoît XIII et Benoît XIV, il proclama l'apôtre des Grisons le premiers martyr de la Sacrée Congrégation de la Propagande (2).

L'univers catholique l'a invoqué depuis ce moment comme un des héros de la foi et un puissant intercesseur auprès de Dieu.

O Saint bien-aimé! du haut du ciel, où vous régnez avec le Christ vainqueur, daignez abaisser vos regards vers vos frères de la terre. Vous le voyez : nos combats sont incessants; nos ennemis, acharnés. Convertissez en agneaux dociles les loups féroces qui menacent le bercail du Rédempteur. Comme autrefois aux champs de l'Helvétie, inclinez en notre faveur le glaive de votre puissance : obtenez-nous la grâce de rester, comme vous, fidèles jusqu'à la fin. Que notre vie soit, comme la vôtre, l'apprentissage du martyre (3), et que notre mort soit aussi, comme la vôtre, le glorieux trophée de notre invincible amour pour Jésus-Christ!

1. Bulle *Vinea electa*. *Bullaire*, t. VII, p. 359.
2. Décret *Inter alios egregios*. *Bullaire*, t. IX, p. 328.
3. *Tyrocinium martyrii*.

RÉPONS MIRACULEUX

EN L'HONNEUR DE SAINT FIDÈLE (1)

Fidelis vir tui nominis
Doctrina, fide, spiritu,
Qui verbo vincens hœresim,
Firmasti fidem sanguine.

Fidèle par le nom, vous le fûtes par la doctrine, la foi et l'esprit, vous qui, par la parole, avez écrasé l'hérésie et, par le sang, affermi la foi.

Nostris precamur mentibus,
Cœleste lumen impetra,
Ut fides, spes et caritas,
In nobis semper fulgeant.

Nous vous le demandons : que dans nos intelligences brille la céleste lumière ! Que la foi, l'espérance et la charité en nous sans cesse resplendissent !

Qui cæcos, claudos, debiles,
Illustras, sanas, roboras,
Mutis loquelam tribuis,
A morte infantes eripis.

Vous qui rendez la vue aux aveugles, redressez les boiteux, fortifiez les faibles, obtenez la parole aux muets, arrachez de la mort les petits enfants.

Nostris precamur mentibus,
Cœleste lumen impetra,
Ut fides, spes et caritas
In nobis semper fulgeant.

Nous vous le demandons : que dans nos intelligences brille la céleste lumière ! Que la foi, l'espérance et la charité en nous sans cesse resplendissent !

Gloria Patri et Filio,
Et Spiritui Sancto.

Gloire au Père et au Fils et au Saint-Esprit.

1. Extrait de l'*Appendice aux Exercices spirituels*. (Édition de Rome, 1756.)

Nostris precamur mentibus
Cœleste lumen impetra.

Nous vous le demandons : que dans nos intelligences brille la céleste lumière !

Sicut erat in principio et nunc et semper, et in sæcula sæculorum. Amen.

Comme il était au commencement et maintenant et toujours, et dans les siècles des siècles. Ainsi soit-il.

Ut fides, spes et caritas
In nobis semper fulgeant.

Que la foi, l'espérance et la charité en nous sans cesse resplendissent !

Antiphona. — Esto fidelis usque ad mortem, et dabo tibi coronam vitæ.

℣. Ora pro nobis, beate Fidelis;

℟. Ut digni efficiamur promissionibus Christi.

Antienne. — Soyez fidèle jusqu'à la mort, et je vous donnerai la couronne de vie.

℣. Priez pour nous, bienheureux Fidèle.

℟. Afin que nous devenions dignes des promesses de Jésus-Christ.

Oremus

Deus, qui beatum Fidelem Seraphico spiritus ardore succensum in veræ fidei propagatione martyrii palma et gloriosis miraculis decorare dignatus es; ejus quæsumus, meritis et intercessione, ita nos per gratiam tuam in fide et caritate confirma, ut in servitio tuo fideles usque ad mortem inveniri mereamur. Per Christum Dominum nostrum. Amen.

Oraison

Seigneur, qui avez daigné honorer de la palme du martyre et de glorieux miracles le bienheureux Fidèle, tout enflammé du feu d'un esprit séraphique pour la propagation de la vraie foi; nous vous prions, par son intercession et par ses mérites, de nous confirmer tellement par votre grâce dans la foi et dans la charité, que nous méritions d'être trouvés fidèles en votre service jusqu'à la mort. Par Notre-Seigneur Jésus-Christ. Ainsi soit-il.

TABLE DES MATIÈRES

CHAPITRE PREMIER

L'AURORE D'UNE VIE SAINTE

CHAPITRE II

L'ÉTUDIANT

CHAPITRE III

EN VOYAGE (1605-1610)

CHAPITRE IV

L'AVOCAT

CHAPITRE V

AU PARADIS TERRESTRE

CHAPITRE VI

L'ENROLEMENT SACRÉ

CHAPITRE VII

LE PRÉDICATEUR

CHAPITRE VIII

CONSTELLATION DE VERTUS

CHAPITRE IX

CULTE DE MARIE

CHAPITRE X

L'AUMONIER MILITAIRE

CHAPITRE XI

LE PÈRE DE LA PATRIE

CHAPITRE XII

THAUMATURGE ET PROPHÈTE

CHAPITRE XIII

LE CHAMP DE BATAILLE

CHAPITRE XIV

PREMIERS COMBATS

CHAPITRE XV

EN PRATIGAU

CHAPITRE XVI

TOUJOURS L'ENNEMI

CHAPITRE XVII

INSURRECTION SANGLANTE

CHAPITRE XVIII

LA SACRÉE CONGRÉGATION DE LA PROPAGANDE

CHAPITRE XIX

ADIEUX A FELDKIRCH

CHAPITRE XX

LES DERNIERS JOURS

CHAPITRE XXI

LOUPS ET AGNEAUX

CHAPITRE XXII

LA MORT SANGLANTE

CHAPITRE XXIII

MANIFESTATIONS D'OUTRE-TOMBE

CHAPITRE XXIV

LE TOMBEAU

CHAPITRE XXV

MIRACLES

Paris. — J. Mersch, imp., 4 bis, Av. de Châtillon.

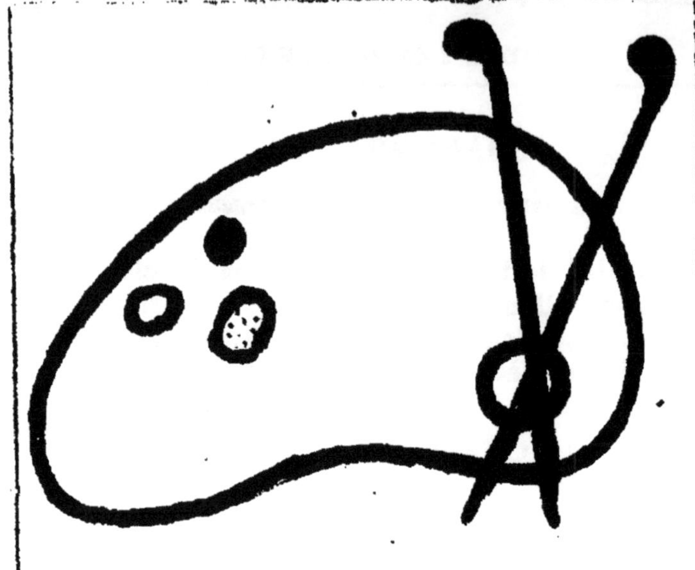

www.ingramcontent.com/pod-product-compliance
Ingram Content Group UK Ltd.
Pitfield, Milton Keynes, MK11 3LW, UK
UKHW021905260726
13966UKWH00006B/523

9 782012 722705